文房清玩·古玩雜件 8

閱　是編

浙江人民美術出版社

圖書在版編目(CIP)數據

文房清玩·古玩雜件 8 / 閲是编. -- 杭州 : 浙江人民美術出版社, 2017.11 (2018.1重印)
ISBN 978-7-5340-6207-0

Ⅰ. ①文 Ⅱ. ①閲 Ⅲ. ①文化用品-收藏-中國-圖録②歷史文物-收藏-中國-圖録 Ⅳ. ①G262-64

中國版本圖書館CIP數據核字(2017)第236551號

文房清玩·古玩雜件 8
閲 是 編

責任編輯　楊　晶
文字編輯　傅笛揚　羅仕通
裝幀設計　陸豐川
責任印製　陳柏榮

出版發行　浙江人民美術出版社
(杭州市體育場路 347 號)
網　　址　http://mss.zjcb.com
經　　銷　全國各地新華書店
製　　版　杭州富春電子印務有限公司
印　　刷　杭州富春電子印務有限公司
版　　次　2017 年 11 月第 1 版・第 1 次印刷　2018 年 1 月第 1 版・第 2 次印刷
開　　本　889mm×1194mm 1/16
印　　張　17
書　　號　ISBN 978-7-5340-6207-0
定　　價　450.00 圓

(如發現印刷裝訂質量問題, 影響閲讀, 請與出版社發行部聯繫調换。)

前　言

“美成在久”，語出《莊子·人間世》。但凡美好之物，都需經日月流光打磨，才能日臻至善。一蹴而就者，哪能經得起歲月的考驗？真正的美善，一定是“用時間來打磨時間的產物”——卓越的藝術品即如此，有社會責任感的藝術拍賣亦如此。

西泠印社的文脈已延綿百年，西泠拍賣自成立至今，始終以學術指導拍賣，從藝術的廣度與深度出發，守護傳統，傳承文明，創新門類。每一年，我們秉持著“誠信、創新、堅持”的宗旨，徵集海內外的藝術精品，通過各地的免費鑒定與巡展、預展拍賣、公益講堂等形式，倡導“藝術融入生活”的理念，使更多人參與到藝術收藏拍賣中來。

回望藝術發展的長河，如果沒有那些大藏家、藝術商的梳理和遞藏，現在我們就很難去研究當時的藝術脈絡，很難去探尋當時的社會文化風貌。今時今日，我們所做的藝術拍賣，不僅著眼于藝術市場與藝術研究的聯動，更多是對文化與藝術的傳播和普及。

進入大眾的視野，提升其文化修養與生活品味，藝術所承載的傳統與文明才能真正達到“美成在久”——我們出版整套西泠印社拍賣會圖錄的想法正源於此。上千件躍然紙上的藝術品，涵括了中國書畫、名人手跡、古籍善本、篆刻印石、歷代名硯、文房古玩、庭院石雕、紫砂藝術、中國歷代錢幣、油畫雕塑、漫畫插圖、陳年名酒、當代玉雕等各個藝術門類，蘊含了民族的優秀傳統與文化，雅致且具有靈魂，有時間細細品味，與它們對話，會給人以超越時空的智慧。

現在，就讓我們隨著墨香沁人的書頁，開啟一場博物藝文之旅。

目 録
CONTENTS

清・沉香雕福壽圖山子擺件

說明：此件浮雕山子作筆架形制，結香度高，其質基本可達奇楠品級。奇楠，是沉香的中極品，古代稱作“瓊脂”，也稱作“伽藍”，“伽楠”、“棋楠”等，比之沉香，味辛甘而溫軟。而年代久遠的老奇楠，其味道內斂，這件山子近聞方有淡淡幽香，其味甘甜。山子儼然仙境，壽星憩於松下，蝙蝠伏於松枝，兩旁高士持卷，童子嬉戲，背後山石鬆竹生，此番閒情逸趣，以高浮雕技法淋漓盡致展現。其三角形的佈局構圖，使得整器視覺上更為沉靜。原配紅木座。

QING DYNASTY　AN EAGLEWOOD CARVING GROUP WITH IMMORTAL PATTERN

帶座高：11cm　高：8.4cm　山子重：151g

RMB: 50,000－80,000

明·黄花梨嵌百寶清供圖蓋盒

1621

明・黃花梨嵌百寶清供圖蓋盒

說明：嵌百寶裝飾手法出現於明代，清代以後，百寶嵌發展成為傢具製作的重要鑲嵌技術之一。百寶嵌工藝多用在漆器上，硬木傢具上亦較常見。而在黃花梨木材鑲嵌，在清宮舊藏中較為罕見，所以其品級和製作工藝要求極高。此件黃花梨嵌百寶蓋盒蓋面以螺鈿，壽山石等材料，細雕石盆、玉尊、花瓶、芍藥、牡丹等。山石清供，菖蒲花卉，高雅自賞。

MING DYNASTY A GEM-INLAID HUANGHUALI CASE AND COVER

高：7.1cm 長：12cm 寬：9.4cm

RMB: 120,000－180,000

參閱：《故宮博物院藏文物珍品大系——竹木牙角雕刻》第274頁，李久芳編，上海科學技術出版社、香港商務印書館，2001年。

明·海天旭日端砚

1622

明・海天旭日端硯

說明：端硯為中國“四大名硯”之首，端硯石在唐初開採於廣東省肇慶市東部的爛柯山和七星岩北面的北嶺山一帶。端硯素以石質細膩緻密而深受歷代文人墨客的喜愛。宋元符三年（1100年），途經端州的蘇軾，看到端州采硯石工“千夫挽綆，百夫運斤。篝火下縋，以出斯珍”的場面，古人採取硯臺之艱難可見一斑。

此方端硯硯體隨形琢製，呈橢圓形，硯正面浮雕海浪祥雲，硯面近乎圓形，表現一輪朝日，雲煙繚繞，意蘊深重。墨池於朝日之上，處呈弧度，以利淌墨儲墨。硯背線刻海浪逐日，水紋細密。硯臺整體刀法細膩，流暢自然，觀之如若雲湧日出，美不勝收，且體量碩大，渾圓厚實，完美如初，實為典型明代硯台佳器。

MING DYNASTY　A DUAN INKSTONE WITH RIPPLE PATTERN

高：6cm　長：23cm　寬：21cm

RMB: 80,000—120,000

1623

清・朱彝尊款貨布端硯

銘文：1. 貨布

2. 端溪之田，清潤且堅，誰其耕之，翰墨神仙。竹垞。而德之溫。而理之醇。而守之堅。雖磨而不磷。永以保其性真。竹垞製。錄周器鐘鼎銅銘。康熙乙亥春三月中浣顯於琴音軒，彝尊銘。原配紅木盒。

QING DYNASTY　A DUAN INKSTONE WITH 'ZHU YIZUN' MARK

高：2.1cm　長：14cm　寬：9cm

RMB: 10,000—20,000

款者簡介：朱彝尊（1629 ～ 1709），字錫鬯，號竹垞、醧舫，浙江嘉興人。康熙十八年舉博學鴻詞，授檢討，值南書房。康熙二十年江南鄉試副主考。善書法，精考證，詩文與王士禎齊名。著有《曝書亭集》等八十卷。

1624

宋・鵝形端硯

MING DYNASTY OR EARLIER A GOOSE-SHAPED DUAN INKSTONE

高：4.2cm 長：19.5cm 寬：11.8cm

RMB: 20,000—30,000

1625

清 · 雲間王鴻緒鑒定印

印文：雲間王鴻緒鑒定印。

說明："雲間" 爲古松江之別稱，曆史上文人荟萃，王鴻緒即爲上海松江人。王鴻緒地位尊貴，官至戶部尚書，亦是康熙皇帝眼前的大紅人，爲可以密奏的兩位大臣之一。王鴻緒精通詩書，其風格受到 "雲間詩派"、"清盛世的時代背景" 及 "文壇宗唐詩學話語" 的三重影響，形成了 "尚古宗唐" 的詩學觀。因愛好詩書，其收藏頗巨，爲清初著名收藏家，在一些知名的書畫作品中也能看到其鑒藏過的痕迹。歐陽詢的《夢奠帖》、倪瓚的《江亭山色圖》、黃公望的《富春山居圖》等都可見王鴻緒的收藏印，钤有 "雲間王鴻緒鑒定印"。

QING DYNASTY A SEAL WITH 'WANG HONGXU' MARK

高：6.7cm　長：4.7cm　寬：2.8cm

RMB: 30,000—50,000

印面主人簡介：王鴻緒（1645 ～ 1723），字季友，號俨齋，又號橫雲山人，上海松江人。康熙十二年榜眼，授編修，官至戶部尚書。精鑒賞、醫學，富收藏。書學米、董。

1626

明・正議大夫資治尹官印

印文：正議大夫資治尹之印

說明：據《明史》“卷七二・志第四十八・職官一”記載，“正三品，初授嘉議大夫，升授通議大夫，加授正議大夫。……稽勳，掌勳級、名籍、喪養之事，以贊尚書。凡文勳十。……正三品，資治尹”。方章質沉壓手，印面陽文篆雕“正議大夫資治尹之印”，表明正三品文職官、勳之名，可供彌補史料之不足，所刻刀法流暢，字體舒卷，別有韻味。

MING DYNASTY AN OFFICIAL SEAL

高：5.6cm　長：5.7cm　寬：5.7cm

RMB: 30,000—50,000

1627
明・白玉雕瑞獸鈕印章
印文：趙廣漢

MING DYNASTY A WHITE JADE 'BEAST' SEAL

高：2.2cm 長：2.4cm 寬：2.3cm

RMB: 20,000—30,000

1628
清早期・壽山石雕獸銜如意鈕閒章
印文：如愚若魯

EARLY QING DYNASTY AN ENTERTAINING SHOUSHAN STONE 'BEAST' SEAL

高：5.8cm 長：3.5cm 寬：3.5cm

RMB: 10,000—20,000

1629

清・金農款竹根雕隨形印章

邊款：前畫竹題記一篇，予往年所作，今重書之。甲子初秋，杭人金農。

印文：如雷（朱）。枕流館（白）。

QING DYNASTY　A BAMBOO ROOT SEAL WITH 'JIN NONG' MARK

高：6.5cm

RMB: 50,000—60,000

款者簡介：金農（1687～1763），字壽門，又字吉金，號冬心、古泉、金牛、昔耶居士、曲江外史、稽留山民、百研翁等，浙江仁和（今杭州）人。時來往於揚州間。乾隆元年，薦舉"博學鴻詞"未就。工詩及古文詞，善篆刻，精鑒賞。書法工隸、楷，將《國山碑》和《天發神讖碑》融化於隸、楷間，獨創一格，號稱"漆書"。畫筆高古，不同凡俗，居當時畫壇首席，為"揚州八怪"之一。

1630

清・黃花梨起線筆筒

QING DYNASTY　A HUANGHUALI BRUSHPOT

高：14.9cm　口徑：14.1cm

RMB: 30,000－50,000

1631

清·黃花梨弦紋筆筒

QING DYNASTY A HUANGHUALI BRUSHPOT

高：15.2cm 口徑：15.2cm

RMB: 50,000—60,000

1632

明 · 紫檀浮雕綬帶鳥花卉紋筆筒

說明：筆筒取上佳紫檀為質，料材碩大，包漿沉鬱醇厚。紫檀木色典雅沉靜，華而不俗，透出一派古雅。筆筒就整體畫面與表現方式看來，花卉錯落盛開，枝幹曲折有緻，鳳鳥棲息其上，正與一側的鳳鳥相對。其上雕刻手法確與元末明初漆器相通，剔黑器胎體均較厚重敦實，穿枝過梗，各自成章，繁而不亂，表現了高超的雕刻技藝，著意表現花瓣翻折的層次、立體感、細節處的細膩與生動，使物象如生，畫面簡潔卻又不失優雅與華貴的氣息。

MING DYNASTY　A ZITAN BRUSHPOT WITH FLORAL AND BIRD PATTERN

高：17.2cm　口徑：16.5cm

RMB: 50,000－80,000

參閱：大都會博物館藏元剔紅綬帶秋葵紋漆盤

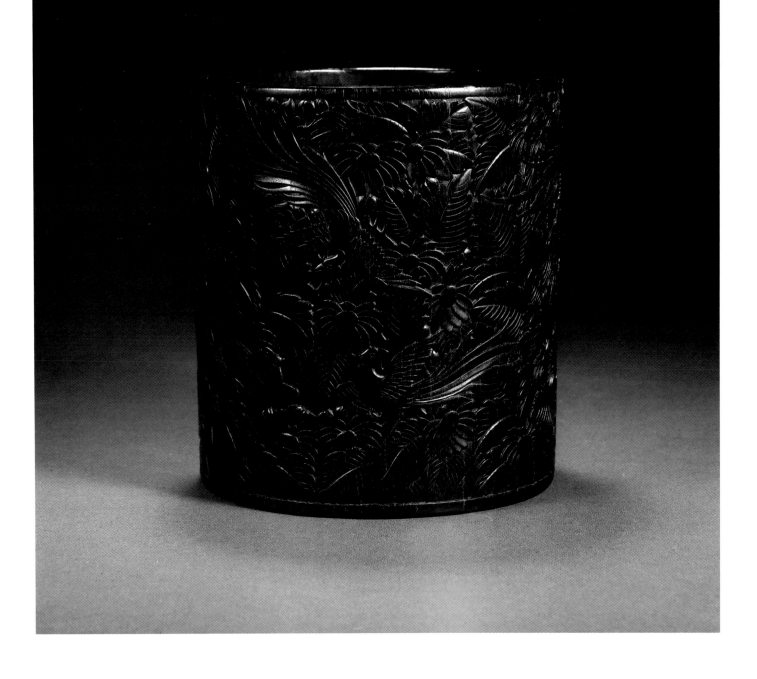

1633

明·黃花梨雕蘭花形螭虎紋筆筒

說明：筆筒以上等黃花梨木精製而成，木質細密，紋理清晰。整器打磨光滑，色黃如蜜，久經摩挲，圓潤無比。器口呈圓形，以花瓣形為邊飾，筒狀身，平底。外壁如同六瓣花瓣包裹而成，可見工匠構思之巧妙。花瓣上分別淺浮雕三組螭虎紋，螭虎口銜靈芝、桃枝等瑞果仙草，盤旋回繞，悠然自得，動態可掬，雕刻工藝頗具明代風格。圖案抽象簡約，玄妙瑰麗，不同於繁縟紋飾者，更顯文人雅士之情操。螭龍亦稱草龍，民間認為其能大能小，極為善變，能驅邪避災。整器雖紋飾樸素，然雕工毫不馬虎，精雕細刻，造型別緻，集實用和觀賞價值於一身，蘊含豐厚的文化底蘊，為文人案頭清供佳作。

MING DYNASTY　A HUANGHUALI 'MAGNOLIA' BRUSHPOT WITH 'CHI' PATTERN

高：18cm　口徑：18.6cm

RMB: 80,000—120,000

1634

清・紫檀嵌百寶人物方盒

說明：清代嵌百寶主要漆器和木器為主，而在木器中，主流以紫檀嵌百寶器物為主。紫檀墨底稱托出了百寶色彩的艷麗與清代審美的豐富。此件方盒蓋面青金、綠松、壽山、染牙及螺鈿密布，生動描繪了一幅于桃源仙境處供拜仙人的場景圖。

QING DYNASTY A SQUARE GEM-INLAID ZITAN CASE WITH FIGURE PATTERN

高：12.2cm　長：22.5cm　寬：21.5cm

RMB: 180,000－280,000

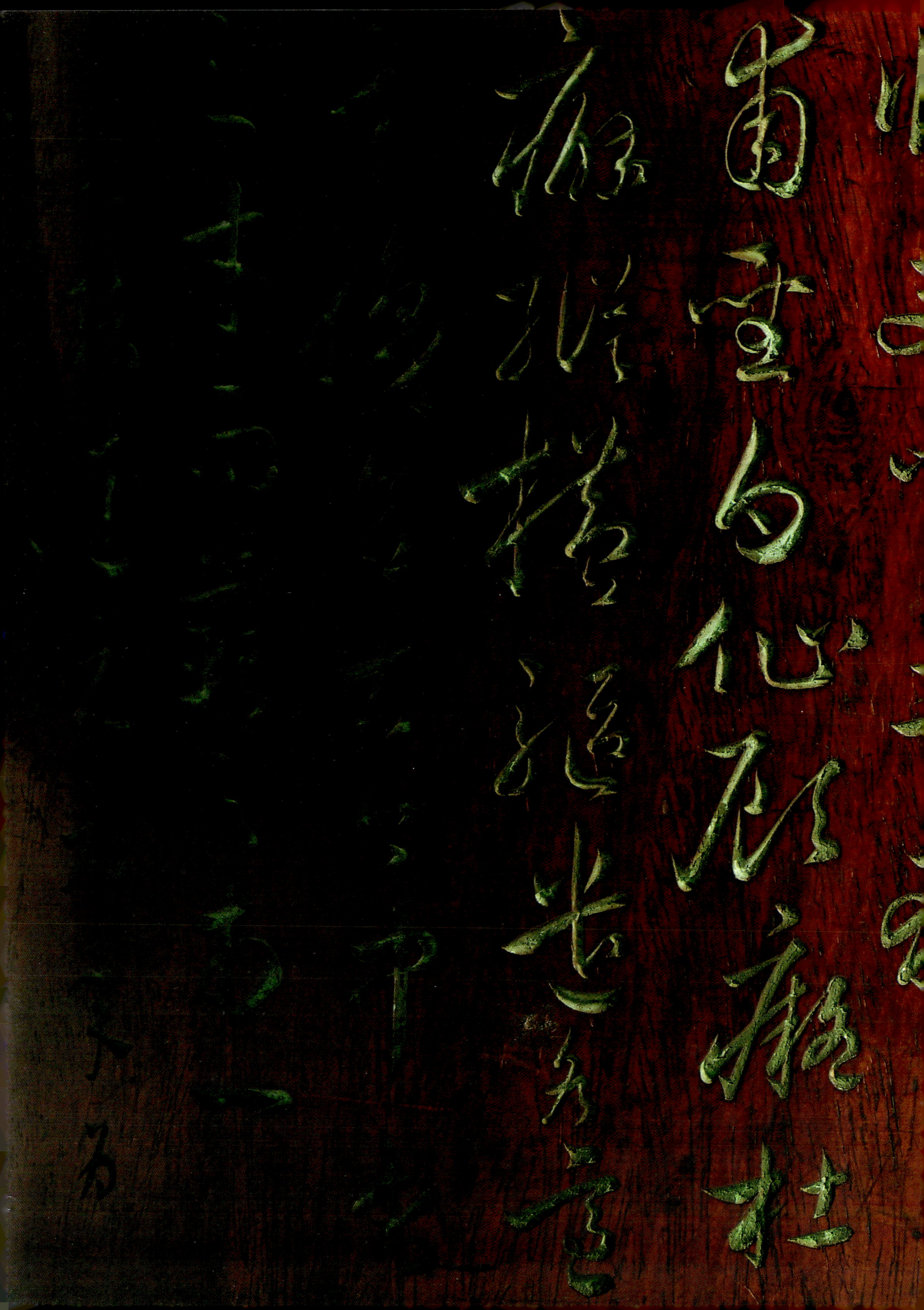

1635

清早期・宮爾鐸銘黃花梨雕玉蘭花詩文筆海

銘文：1. 班之富,馬之逸。漢儒宋儒,門戶各闢。判櫝黜張湯之深,脩史登董狐之直。甫聖白僊,顧癡杜癖。縱橫驅遣,各適其職。合古今中書之才,而範之於一。光緒建元初年為勤伯製銘。農山宮爾鐸。

2. 木天清供，子衡寫意。子衡（朱）。

說明：此件筆筒以黃花梨琢製而成，形體碩大，直壁，深腹，玉璧形底。從壁內起線來看，應為一體鑿挖。腹外壁淺刻以玉蘭花填彩，其葉為松石綠粉上色。其後署“木天清供，子衡寫意”行書款，後鐫方形篆書印。畫面的另一側，鐫刻有“班之富，馬之逸，漢儒宋儒，門戶各闢，判櫝黜張湯之深修史登董狐之直，甫聖白仙，顧癡杜癖，縱橫驅遣，各適其職，合古今中書之才而範之於一”草書縱向八行陰刻詩句，以表現了銘者對於各名家見解。署“光緒建元初年為勤伯製銘”，“農山宮爾鐸”章草陰刻款，均施以綠彩。其字所塗彩與玉蘭花葉上色深淺不同，應是在原有蘭花筆海上，於光緒年間再添銘文，從而傳承至今。此器不吝用材，所整挖的黃花梨材尤為稀少，造型碩健規整，其蘭花在整器上的佈局和表現手法乾淨俐落，隨形卻不失雅緻，在文房賞玩器中實屬佳品。

EARLY QING DYNASTY　A HUANGHUALI BRUSHPOT WITH ORCHID PATTERN INSCRIBED BY GONG ERDUO

高：22.6cm　口徑：23.4cm

RMB: 450,000－600,000

銘者簡介：宮爾鐸［清］，字農山，一字退園，別號抱璞山人。懷遠人，生於道光十八年。國子監生，太史宮星楣之侄。曾任陝西烏延知事，延安、同州知府。兼安邊同知三品銜，誥授通議大夫。為著名書畫收藏家、鑒賞家之一。生平著述有《思無邪齋古文》八卷。

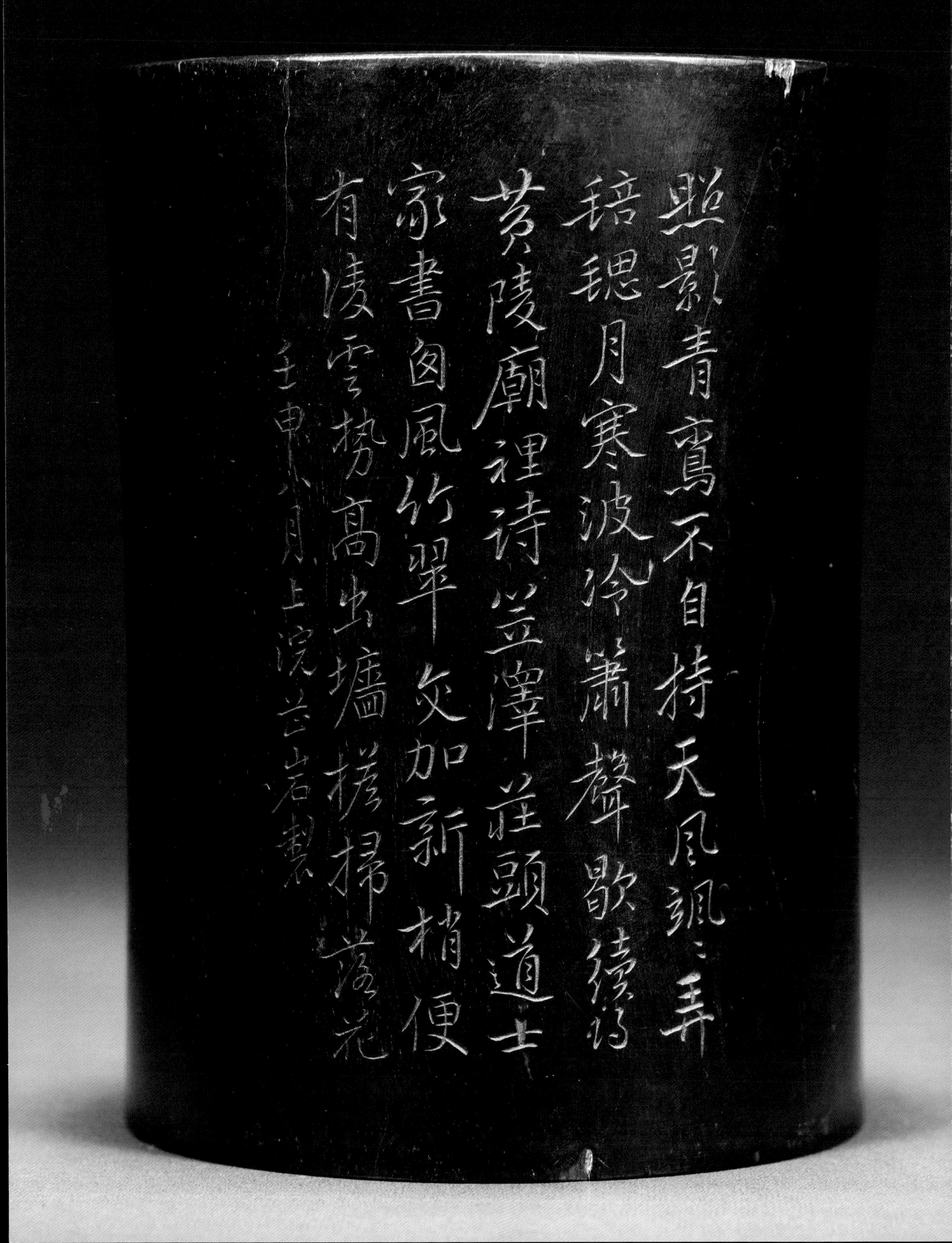

照影青鸞不自持天風颯颯弄
錇鍶月寒波冷蕭聲歇縹緲
黄陵廟裡詩笠澤莊頭道士
家書圖風竹翠矣加新梢便
有凌雲勢高出墻檐掃落花
壬申八月上浣芸岩製

1636

清・周芷岩製紫檀刻風竹詩文筆筒

銘文：照影青鸞不自持，天風颯颯弄毶毶。月寒波冷簫聲歇，續得黃陵廟裡詩。笠澤莊頭道士家，書囪風竹翠交加。新梢便有凌雲勢，高出牆檐掃落花。壬申八月上浣，芷岩製。

說明：筆筒紫檀為材，略有束腰，色澤深紫近黑，包漿自然，溫潤凝重。其上刻周芷岩早年詩畫銘文，風竹二竿，刻畫精細，雕琢有力，盡顯自然灑脫之意，堪為案几佳品。

QING DYNASTY A ZITAN BRUSHPOT WITH INSCRIPTION MADE BY ZHOU ZHIYAN

高：14.9cm 口徑：11.6cm

RMB: 100,000－120,000

作者簡介：周芷岩（1685～1773），名顥，字晉瞻，號雪樵，又號芷岩，髯痴，嘉定人。自幼好學，不應科舉。善書畫印刻，精於竹刻。以刀代筆，融南北宗為一體，以畫法施竹刻。在嘉定竹刻史地位頗高，後人將其比為詩中杜甫。

1637

清・紅木書冊式文具匣

說明：此件文具匣做工規整，以紅木製成，外形有如書冊古籍迭放。通過鑲嵌骨料黃楊木等，形成不同的顏色，模仿書籍題簽、層層白紙的質感外觀。盒蓋可抽拉，裡面有夾層，可用以放書。文具匣打開，裱有紅藍白三色裡子，白色上有工筆花卉。內有承盤，裝有尺、印章、墨水匣、毛筆、硯臺等文房用具九件。提起承盤，內部亦有夾層。文具匣有內鎖，用鑰匙可以打開。鑰匙孔裝飾成蝙蝠紋樣，需撥動隔片方可看到。整器工精藝巧，可見古人對文玩之珍愛。

QING DYNASTY A MAHOGANY STATIONERY BOX

高：10cm 長：28cm 寬：15.6cm

數量：9

RMB: 50,000—80,000

1638

清・玉如款紫檀嵌銀絲倭角盒

銘文：己不知足，甲子研山。玉如（印）

說明：以紫檀為材，製作講究，盒身以嵌銀絲工藝作卍字紋錦地，紋飾飄逸自如。盒面嵌銀絲繪瑞獸花卉，所繪花卉、瑞獸皆怡然自得。整器材貴工精，顯露富貴之風，殊為難得。

QING DYNASTY　A SILVER-INLAID ZITAN BOX WITH 'YU RU' MARK

高：16.3cm　長：24.5cm　寬：17cm

RMB: 60,000－80,000

銘者簡介：王玉如（1708～1748），清代篆刻家，字声振，号研山，上海市松江人。玉睿章从子，篆刻得其伯父指授。为鞠履厚疌的表兄，两人交善。有《研山印草》行世。

1639

明末清初・黃花梨霸王棖方桌

說明：此件方桌體積碩大，為標準八仙桌制式。霸王棖做為明式傢俱經典設計多見於文房傢俱中，但用於方桌上的實例卻相當稀少。此例中霸王棖與桌腿連接位置較高，隱於委角直刀牙板後，幾不可見，可以預計主人是為避免腿足在日常使用中與棖相互干擾而做出此設計。此桌使用的黃花梨材質均一，紋理生動。桌面底部裝兩支穿帶並一根橫向拖帶交叉支撐，且漆裹與漆灰保存完整。其冰盤沿輕微起混面，下邊沿起線，與刀牙板上所起燈草線呼應，同時刀牙頭倭角又呼應方材腿足所起的倭角線。整體線腳俐落清爽，互相呼應，充滿明式傢俱設計美學。本例在四面牙板內側再加橫棖加固，配合霸王棖，可謂用心之作。同時此等受力部件又皆隱于素雅的刀牙板之後，將此桌視覺觀感簡化至極。此例不類一般廳堂所置方桌，應當是用於文人書房飲茶、對弈所用。

LATE MING DYNASTY-EARLY QING DYNASTY A WAISTED RECTANGULAR HUANGHUALI TABLE

Provenance: 1. Lot 428, Sotheby's New York, October, 1987
2. Previously collected by Marvin Sadik, the former curator of the National Portrait Gallery

高：85.8cm 長：94cm 寬：94cm

RMB: 450,000—600,000

來源：紐約蘇富比，1987 年 10 月，編號 428。
馬文・薩迪克（Marvin Sadik）舊藏（華盛頓國家肖像藝術館前館長）。

參閱：《器美神完—嘉木堂藏明式傢俱精品》，2014 年 5 月，編號 4420。

1640

明・黃花梨轎箱

說明：轎箱，顧名思義為古代轎子上使用的箱具，形狀像一個長方箱盒將底部兩端各切除一個方塊，恰好使箱子可以架搭在轎槓上。古代搭乘轎子的多為官紳，因此轎箱也為官吏所特有。此黃花梨轎箱素雅不事雕飾，唯有蓋與箱身接觸面上起一邊線。側面立墻角包黃銅護葉加強穩固，蓋子頂面四端鑲如意雲頭。正面圓面葉，拍子雲頭形，銅活平鑲。箱內兩端有帶門蓋的小側室，正中是深且長的儲物空間。

MING DYNASTY　A HUANGHUALI CASE

高：12.8cm　長：75cm　寬：18cm

RMB: 220,000－280,000

參閱：1. 王世襄著《明式家具研究》，生活・讀書・新知三聯書店編，P418。
2. 伍嘉恩著《明式家具二十年經眼錄》，故宮出版社編，P282。

1641

清早期 · 黃花梨帶屜箱

說明：該箱不設門板，頂部以合頁連接盒蓋，並可打開，露出平整的儲物空間，其下為兩層抽屜。蓋頂包銅角，正面鑲方形面葉，可鎖住頂層盒子及第一層抽屜。抽屜面上裝圓形銅面葉和吊牌，箱子兩邊配銅提手。黃花梨木紋清晰流暢，該箱全素裝飾，採用明榫工藝，為典型的明式傢俱風格。

EARLY QING DYNASTY A HUANGHUALI CASE WITH DRAWER

高：23.2cm 長：31cm 寬：21.5cm

RMB: 160,000－250,000

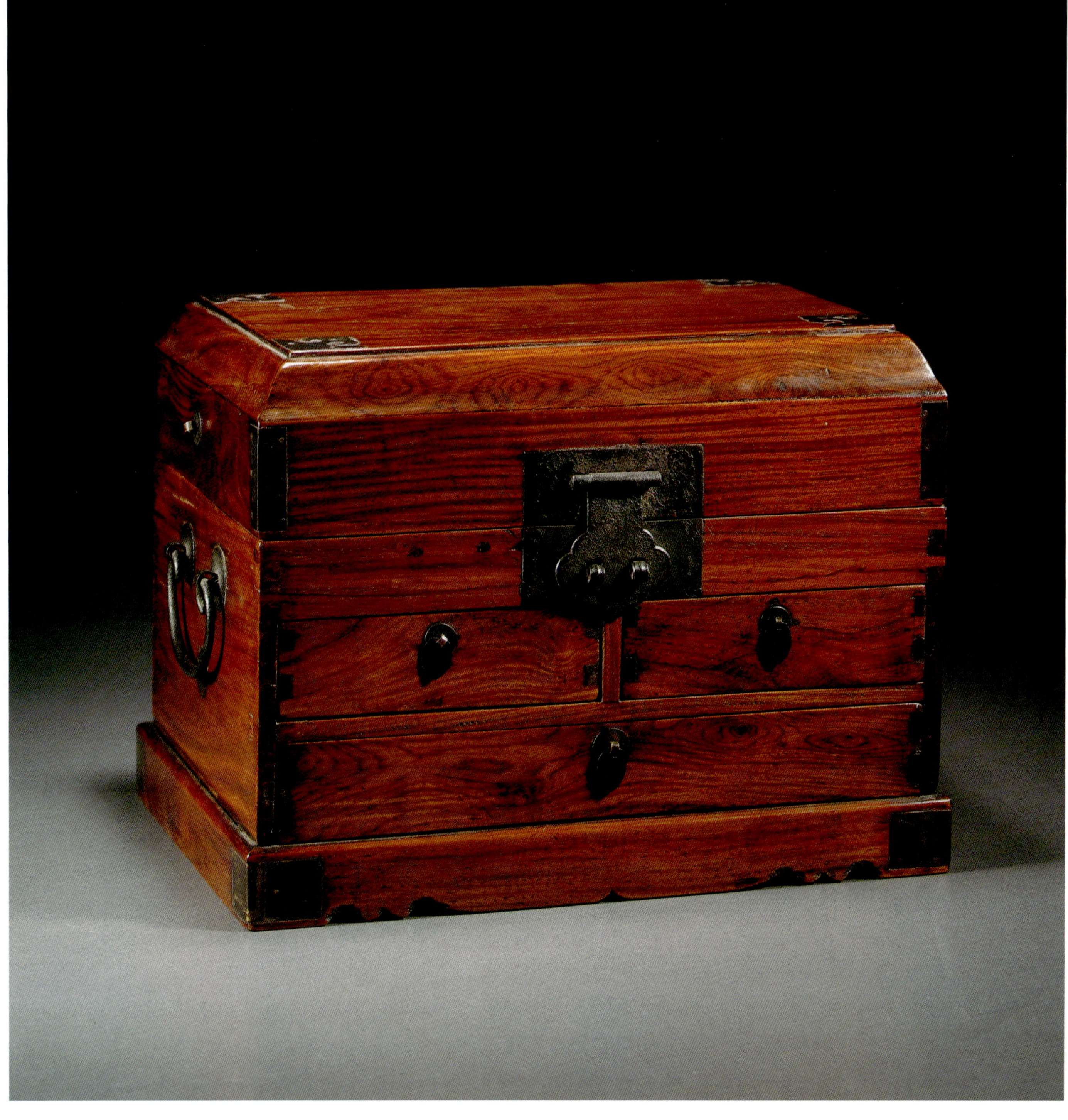

1642

清・紫檀雕樹樁形筆筒

QING DYNASTY　A ZITAN 'BURL' BRUSHPOT

高：18.3cm　口徑：20cm

RMB: 80,000－120,000

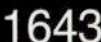

1643

清 · 黃花梨樹瘤形筆筒

QING DYNASTY A HUANGHUALI 'BURL' BRUSHPOT

高：18.9cm　口徑：19.5cm

RMB: 120,000－150,000

左起第三位為周慶基先生

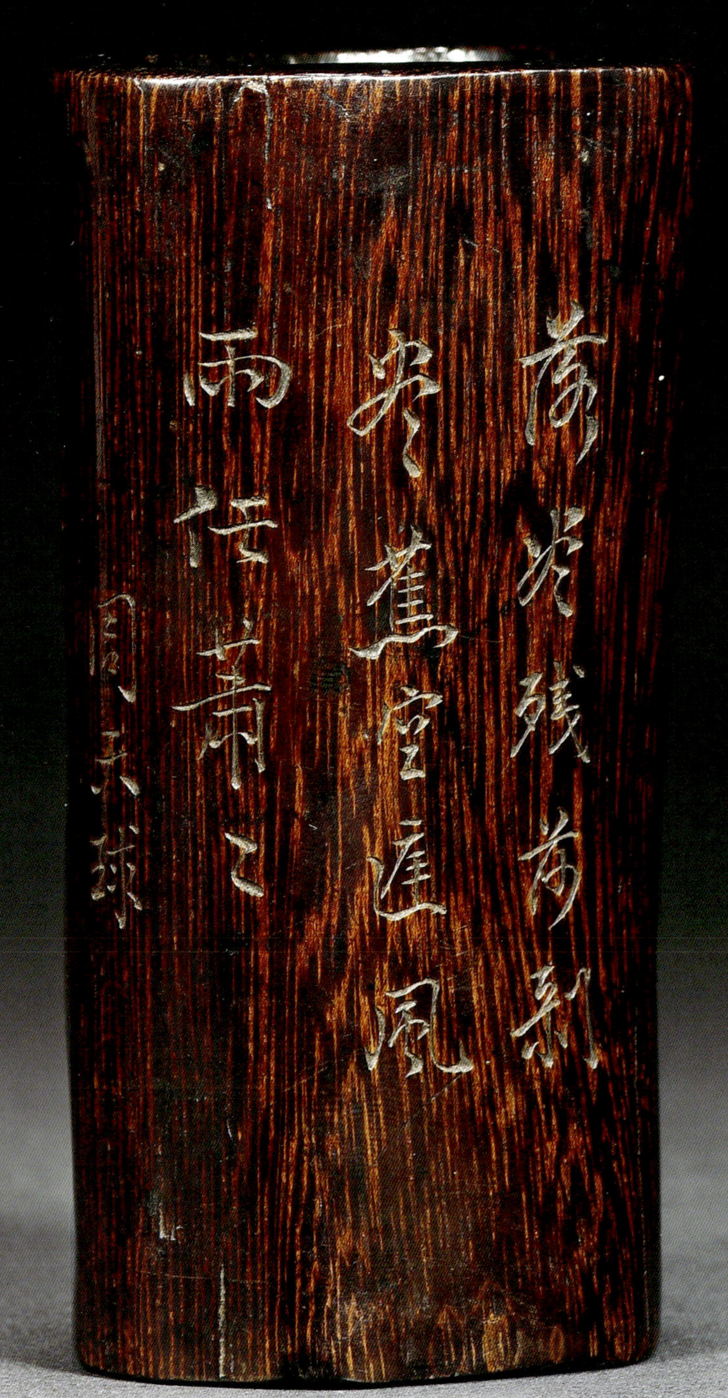

1644

明·周慶基舊藏周天球款沉香雕竹枝圖詩文筆筒

銘文：落盡殘荷剝盡蕉，空亭風雨任蕭蕭。周天球。蘭（朱）。

說明：此件沉香筆筒，取上等沈香料整挖而作，油脂性極大，分量墜手。整器經長期把玩，通體包漿瑩潤油亮。又因材料難得，筒身外壁採用浮雕工藝作翠竹，線條粗放隨性，寥寥數筆，頗具明味。筒身底部內嵌銅錢一枚，似康熙通寶寶泉小平錢。外底部所刻“蘭”字，正為周天球時常習作，蔚然呈趣。

MING DYNASTY AN EAGLEWOOD BRUSHPOT WITH BAMBOO PATTERN AND 'ZHOU TIANQIU' MARK, COLLECTED BY ZHOU QINGJI

高：10.5cm 口徑：6cm

RMB: 120,000－180,000

來源：周慶基舊藏，由周慶基家屬友情提供。

款者簡介：周天球（1514～1595），字公瑕，號幼海，一作幻海，又號六止生、群玉山人、群玉山樵，江蘇蘇州人。博學多識，以詩文、書畫名世。少年時於文徵明門下學習書法。善大小篆、古隸、行楷，晚年自辟蹊徑，一時豐碑大碣無不出其手，善寫蘭，間作水墨花卉。

藏者簡介：周慶基（1923～2008），湖北天門人，先後就讀於燕京大學新聞系、輔仁大學歷史系。祖父周樹模，光緒十五年進士，官至黑龍江巡撫兼中俄勘界大臣，民國評議院院長。外祖父餘誠格，安徽望江人，曾出任湖南巡撫等職。其夫人袁家諂，為袁世凱五子，袁克權之女。晚清名臣，著名收藏家、金石學家，端方之外孫女。

1645

清・周慶基舊藏李流芳刻詩文竹臂擱

銘文：李伯時效唐小李將軍，為著色泉石雲物，草木花竹，皆妙絕動人，而人物秀髮，各肖其形，自有林下風味，無一點塵埃氣，不為凡筆也。其烏帽黃道服捉筆而書者，為東坡先生；仙桃巾紫裘而坐觀者，為王晉卿；幅巾青衣，據方機而凝佇者，為丹陽蔡天啟；捉椅而視者，為李端叔；後有女奴，雲環翠飾侍立，自然富貴風韻，乃晉卿之家姬也。孤松盤鬱，上有凌霄纏絡，紅綠相間。下有大石案，陳設古器瑤琴，芭蕉圍繞。坐於石盤傍道帽紫衣，右手倚石，左手執卷而觀書者，為蘇子由。團巾繭衣，秉蕉箑而熟視者，為黃魯直。幅巾野褐，據橫卷畫淵明歸去來者，為李伯時。披巾青服，撫肩而立者，為晁無咎。跪而作石觀畫者，為 張文潛。道巾素衣，按膝而俯視者，為鄭靖老。後有童子執靈壽杖而立。二人坐於磐根古檜下，幅巾青衣，袖手側聽者，為秦少遊。琴尾冠、紫道服，摘阮者，為陳碧虛。唐巾深衣，昂首而題石者，為米元章。幅巾袖手而仰觀者，為王仲至。前有鬅頭頑童捧古硯而立，後有錦石橋、竹徑，繚繞於清溪深處，翠陰茂密。中有袈裟坐蒲團而說無生論者，為圓通大師。旁有幅巾褐衣而諦聽者，為劉巨濟。二人並坐於怪石之上，下有激湍潨流於大溪之中，水石潺湲，風竹相吞，爐煙方裊，草木自馨，人間清曠之樂，不過於此。乙卯年三月李流芳製。馬氏玲瓏山館珍藏（朱）。

說明：此件李流芳所刻詩文竹臂擱，詩文選自《西園雅集》，鐫刻有力瀟脫。臂擱背後為馬氏小玲瓏山館珍藏鈐印，以敘述此件作品遞藏的歷史。

QING DYNASTY A BAMBOO WRISTREST WITH INSCRIPTION, ENGRAVED BY LI LIUFANG AND COLLECTED BY ZHOU QINGJI

長：32cm 寬：7.8cm

RMB: 50,000－80,000

來源：周慶基舊藏，由周慶基家屬友情提供。

作者簡介：李流芳（1575～1629），字長蘅，一字茂宰，號檀園、香海、泡庵，晚號慎娛居士。僑居嘉定。萬曆三十四年舉孝廉，為人耿直，詩風清新自然，文品為士林翹楚。與婁裡、程嘉燧等合稱“嘉定四先生”，工山水。好吳鎮、黃公望，出入宋元，有分雲裂石之勢。亦工書法，篆刻與何震齊名，與王時敏、張學曾等合稱“畫中九友”。

藏者簡介：

1. 小玲瓏山館，清代著名藏書家馬曰管、馬曰璐的藏書樓名。玲瓏，玉聲。取之於班固《東都賦》：“和鑾玲瓏，天官景從。”又謂馬氏因得甘泉縣令龔鑒贈玲瓏石而命名。因另一藏書家顧湘亦有玲瓏山館，馬氏遂命名為“小玲瓏山館”。
2. 周慶基（1923～2008），湖北天門人，先後就讀於燕京大學新聞系、輔仁大學歷史系。祖父周樹模，光緒十五年進士，官至黑龍江巡撫兼中俄勘界大臣，民國評議院院長。外祖父余誠格，安徽望江人，曾出任湖南巡撫等職。其夫人袁家詒，為袁世凱五子，袁克權之女。晚清名臣，著名收藏家、金石學家，端方之外孫女。

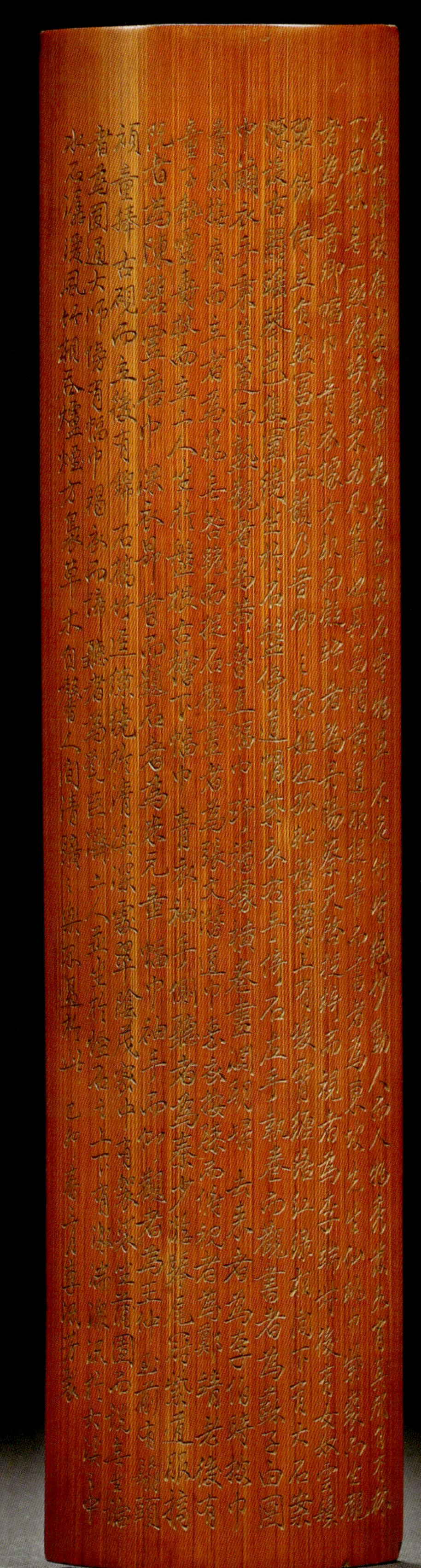

1646

清・周慶基舊藏張希黃款留青竹刻長眉羅漢臂擱

銘文：無量壽佛。甲戌小春，希黃作。三希堂藏（朱）。

說明：張希黃為留青陽文的創始者，利用竹青和竹肌的顏色對比，剔除紋外之筠，留竹肌為地，竹筠約略高於竹肌。此件臂擱竹筠色呈杏黃，而竹肌呈琥珀色，竹肌愈深者愈久遠。張希黃所製留青竹刻，多山水亭台之意蘊，而佛教人物題材較為少見。羅漢手執如意，長眉慈目，背依山石，坐於蒲團之上，悠然出世。為三希堂藏。

QING DYNASTY A BAMBOO WRISTREST WITH ARHAT PATTERN AND 'ZHANG XIHUANG' MARK, COLLECTED BY ZHOU QINGJI

長：22.1cm 寬：6.9cm

RMB: 30,000—50,000

來源：周慶基舊藏，由周慶基家屬友情提供。

藏者簡介：周慶基（1923～2008），湖北天門人，先後就讀於燕京大學新聞系、輔仁大學歷史系。祖父周樹模，光緒十五年進士，官至黑龍江巡撫兼中俄勘界大臣，民國評議院院長。外祖父余誠格，安徽望江人，曾出任湖南巡撫等職。其夫人袁家詒，為袁世凱五子，袁克權之女。晚清名臣，著名收藏家、金石學家，端方之外孫女。

1647

明・周慶基舊藏銅胎剔紅牡丹紋印泥盒一對

說明：銅胎剔紅在明代初見端倪，而至清代得以蓬勃發展。其銅胎胎體薄，胎內一般髹一至兩層黑漆，而外子母口處髹有紅漆。上下盒繪牡丹紋，色澤呈绛紫，成對而現，較爲難得。。

MING DYNASTY　A PAIR OF CINNABAR LACQUER BRONZE INKPAD BOXES WITH PEONY PATTERN, COLLECTD BY ZHOU QINGJI

高：3.8cm　直徑：6.5cm

數量：2

RMB: 30,000－50,000

來源：周慶基舊藏，由周慶基家屬友情提供。

藏者簡介：周慶基（1923～2008），湖北天門人，先後就讀於燕京大學新聞系、輔仁大學歷史系。祖父周樹模，光緒十五年進士，官至黑龍江巡撫兼中俄勘界大臣，民國評議院院長。外祖父余誠格，安徽望江人，曾出任湖南巡撫等職。其夫人袁家詒，為袁世凱五子，袁克權之女。晚清名臣，著名收藏家、金石學家，端方之外孫女。

盒內印款

1648

戰國·周慶基藏青銅左周⿱⺈乚弩刀

銘文：左周⿱⺈乚。

盒蓋題跋：先秦弩機極為罕見，羅振玉《貞松堂集古遺文》僅收得三器，然皆殘缺不全，其中陳簠齋所藏與此相同，惟⿱⺈乚字稍泐。按：弩，春秋時已有，見《吳越春秋》陳音對越王問。戰國漸普遍，《越史略》載，安陽王時已用弩，惜傳世甚少，亦未新出土，完整如此，誠海內孤品也。

盒內題跋：海內孤品。左周⿱⺈乚弩刀。天門周氏受硯齋藏。按：弩機鉤弦者為牙，下垂者為刀。《釋名》已詳言之矣。羅氏所收雖為殘器，然上銳下廣，可知為牙，此則為刀。慶基藏（朱）。

說明：此戰國時期弩機構件，上有銘文三字，與羅振玉所藏器銘同，且品相完好。原配盒內有周慶基題跋考釋，所稱孤品之言非虛也。

WARRING STATES PERIOD　A BRONZE CROSSBOW TRIGGER, COLLECTED BY ZHOU QINGJI

長：9.6cm

RMB: 80,000－120,000

來源：周慶基舊藏，由周慶基家屬友情提供。

參考：1. 羅振玉《貞松堂集古遺文》卷十二第二十八頁，民國二十年（1931 年）。

2. 劉體智《小校經閣金石文字拓本》卷十第一一四頁，民國二十四年（1935 年）。

藏者簡介：周慶基（1923～2008），湖北天門人，先後就讀于燕京大學新聞系、輔仁大學歷史系。祖父周樹模，光緒十五年進士，官至黑龍江巡撫兼中俄勘界大臣，民國評議院院長。外祖父余誠格，安徽望江人，曾出任湖南巡撫等職。其早年為民國日報記者，後任河北大學宗教、考古學教授。自幼酷愛古董，好收藏，師承家學，擅金石篆刻。夫人袁家詒，為袁世凱五子，袁克權之女。晚清名臣，著名收藏家、金石學家，端方之外孫女。

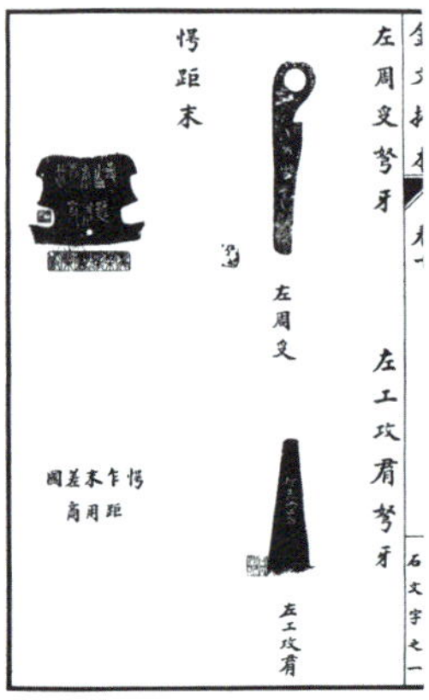

《小校經閣金石文字拓本》

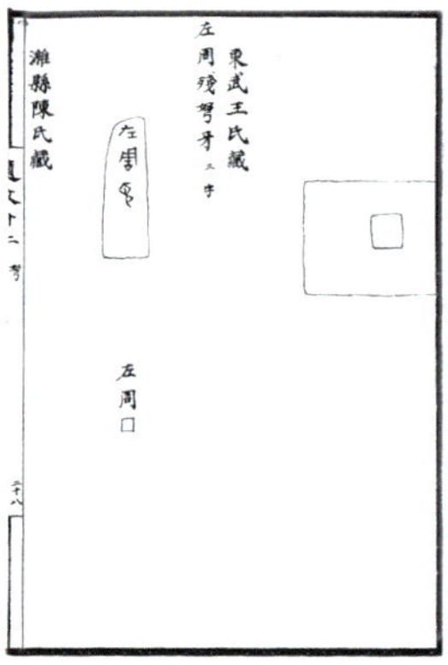

《貞松堂集古遺文》

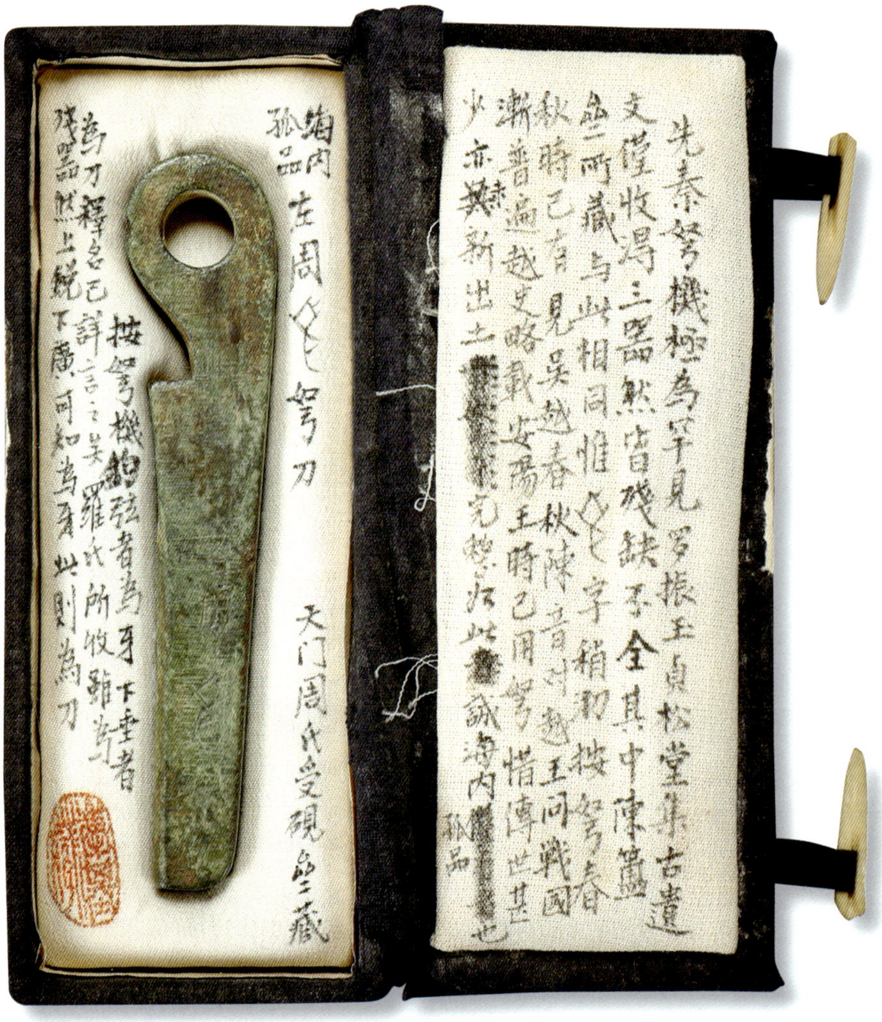

戰國・周慶基藏青銅左周𠂤弩刀

石函硯蓋面

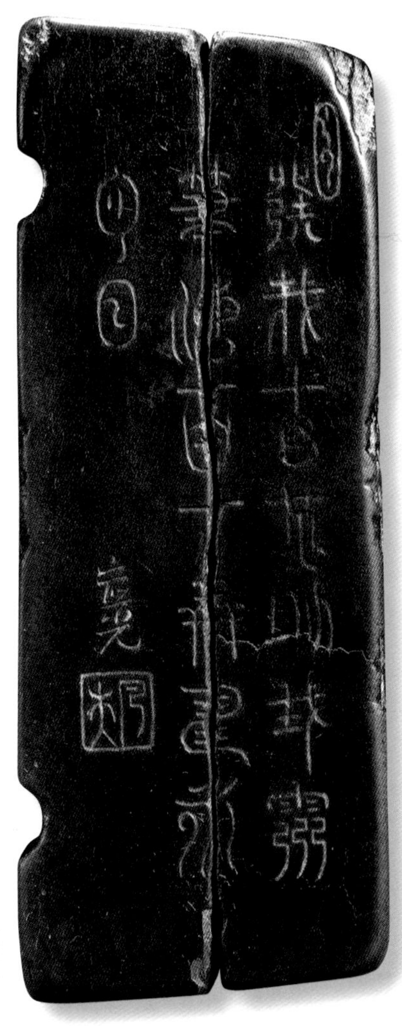

石函硯側面

石函硯底面

1649

明・周慶基舊藏趙宧光銘石函硯

銘文：1. 石函

2. 發我玄光，助我靈筆。傳百十世，壽永月日。宧光。凡夫（朱）。

3. 受研齋（朱）。

說明：石函硯，硯堂平展略有下凹，硯首深挖成墨池。硯蓋篆文陰刻“石函”，硯身與蓋扣合後，左側可合文為“發我玄光，助我靈筆。傳百十世，壽永月日。宧光”落“凡夫”款。硯底部做井字形，井字中有一汪月圓影，仿唐宋古硯形制，造型古樸。

MING DYNASTY AN INKSTONE, INSCRIBED BY ZHAO HUANGUANG AND COLLECTED BY ZHOU QINGJI

高：5cm 長：12.5cm 額寬：10.5cm 尾寬：9.3cm

RMB: 80,000－120,000

來源：周慶基舊藏，由周慶基家屬友情提供。

藏者簡介：周慶基（1923～2008），湖北天門人，先後就讀於燕京大學新聞系、輔仁大學歷史系。祖父周樹模，光緒十五年進士，官至黑龍江巡撫兼中俄勘界大臣，民國評議院院長。外祖父余誠格，安徽望江人，曾出任湖南巡撫等職。其夫人袁家詒，為袁世凱五子，袁克權之女。晚清名臣，著名收藏家、金石學家，端方之外孫女。

銘者簡介：趙宧光（1559年～1625年），字凡夫，一字水臣，號廣平，太倉人，國學生。是宋太宗趙炅第八子元儼之後，宋王室南渡，留下一脈在吳郡太倉，便有了晚明時期吳郡充滿人文色彩的趙氏一族。作為王室後裔，趙宧光卻一生不仕，只以高士名冠吳中。他兼文學家、文字學家、書論家於一身。

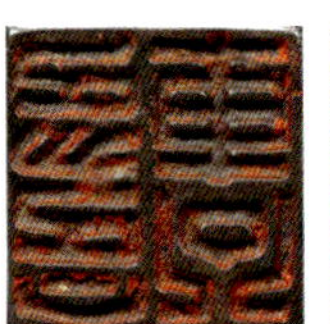

1650

清 · 周慶基舊藏銅太守官印及嵌松石帶鈎一組三件

印文：1. 義興太守章。2. 公車令印。

說明：義興太守章和公車令印都爲官印。義興太守，晉惠帝永興元年，分吳興之陽羡、丹陽之永世立。公車令：為秦漢時衛尉的屬官。全稱爲公車司馬令。掌管警衛司馬門和夜間宮中巡邏以及臣民上書和朝廷的征召之職。唐代廢止。參見公車條《漢書百官公卿表上》、《通典二五》。

QING DYNASTY TWO BRONZE OFFICAL SEALS AND ONE BELT BUCKLE, COLLECTED BY ZHOU QINGJI

1. 長：11.3cm

2. 高：2.5cm 長：2.3cm 寬：2.3cm

3. 高：2.3cm 長：2.4cm 寬：2.4cm

RMB: 10,000—20,000

來源：周慶基舊藏，由周慶基家屬友情提供。

1651

清・周慶基舊藏鬥彩折枝花果紋小罐

款識：“大清雍正年製”六字雙行楷書款

QING DYNASTY A SMALL *DOUCAI* JAR WITH FRUIT AND FLORAL PATTERNS AND 'YONGZHENG' MARK, COLLECTED BY ZHOU QINGJI

高：8.7cm

RMB: 10,000—20,000

來源：周慶基舊藏，由周慶基家屬友情提供。

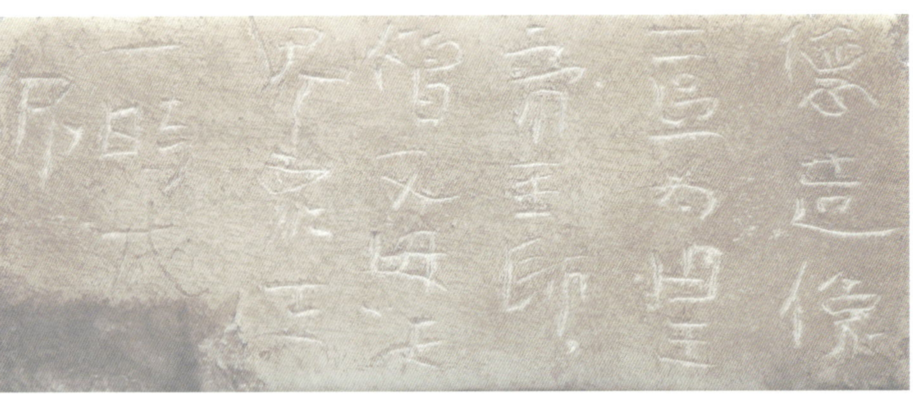

底座背部銘文

1652

周慶基舊藏北齊武平五年紀年款漢白玉雕佛造像

銘文：武平五年六月十一日陳豊德造像一區為皇帝主師僧父母法界衆生一時成佛。

說明：北齊年間，藝術風格推陳出新。石雕藝匠放棄北魏簡素樸拙且透異國情調的形態，洗前朝遺風，另闢蹊徑。綜觀中國石雕藝術歷史，若論創思前瞻，別開生面，能與北齊相提並論的朝代，寥寥可數。

此尊造像兩佛並立，面龐豐圓，長眼細目，神情安詳恬靜，腰腹微微隆起，弧線流麗優雅，腳踏蓮花寶座，整體盡展北齊風格造像獨特之美。

A WHITE MARBLE CARVING GROUP OF TWO BUDDHAS, COLLECTED BY ZHOU QINGJI

高：17.3cm　長：12.5cm　寬：6.5cm

RMB: 900,000—1,200,000

來源：周慶基舊藏，由周慶基家屬友情提供。

藏者簡介：周慶基（1923～2008），湖北天門人，先後就讀於燕京大學新聞系、輔仁大學歷史系。其早年為民國日報記者，後任河北大學宗教、考古學教授。自幼酷愛古董，好收藏，師承家學，擅金石篆刻。晚年受聘為天津多家拍賣行顧問。著有《新編世界史——上、下》（1953年）、《成吉思汗》（1955年）、《古代埃及》（1982年）、《世界著名古國王朝》（1990年）等。

1653

清・檀香木高浮雕山水人物圖筆筒

說明：檀香，佛家謂之“栴檀”，素有“香料之王”、“綠色黃金”的美譽。

筆筒取自檀香科喬木檀香樹的木質心材，愈近樹心與根部的材質愈好。筆筒周身雕滿、山石樹木、亭臺樓閣，繪聚成一幅通景山水圖卷。畫面佈局緊湊，高浮雕、鏤雕、線刻集於一體。雕工細膩生動，層次分明。遠山近景，立體感強。整件作品做工精湛，包漿厚重，為文房筆筒材美工精之作。

QING DYNASTY A SANDALWOOD BRUSHPOT WITH LANDSCAPE AND FIGURE PATTERNS

高：12cm 口徑：11.5cm

RMB: 50,000—80,000

1654

清乾隆·沉香雕福祿壽把件

QIANLONG PERIOD, QING DYNASTY AN EAGLEWOOD CARVING GROUP

高：8.8cm

RMB: 30,000—50,000

沉香雕山水人物杯

1655

清早期・沉香雕山水人物杯

說明：此杯以沉香木雕製而成，以杯中王族犀角杯為象，形取沉香木天然之態，琢成杯形。其外壁以高浮雕、鏤雕、線刻等多種雕刻技法表現，並以獨特的"過牆"表現手法，雕刻描繪了一幅山水人物全景圖紋。山石之上，一棵老松曲折虯勁，枝葉錯落有緻，直入杯內。松下一側房屋小橋坐落，水中漁翁撒網捕魚。松樹另一側，山石迭迭，一人抱柴山中歸來。遠處水邊，小屋涼亭隱匿林中，一幅隱居閒適的畫面。杯內髹漆，雕刻細緻，頗具文人雅玩之趣。

EARLY QING DYNASTY AN EAGLEWOOD CUP WITH LANDSCAPE AND FIGURE PATTERNS

高：10cm 重：191.4g

RMB: 180,000－250,000

清·白玉雕海棠形蝴蝶花卉纹活环鼎式薰炉

1656

清・白玉雕海棠形蝴蝶花卉紋活環鼎式薰爐

說明：清代玉質鼎式爐在造型與工藝上精益求精，鏤雕透雕以及痕都斯坦等工藝得以百花齊放。此件白玉薰爐，玉質透亮，作四瓣海棠式，起四獸足于花瓣底部。爐鼎與雙耳鏤雕蝴蝶與海棠花卉紋飾，耳銜雙活環。原配紅木底座。

QING DYNASTY A WHITE JADE 'BEGONIA' CENSER WITH BUTTERFLY AND FLORAL PATTERNS

帶座高：23.2cm 高：19cm

RMB: 120,000—150,000

清乾隆·白玉雕八卦十二章紋印色池 側面圖

1657

清乾隆・白玉雕八卦十二章紋印色池

款識：乾隆年製

說明：器身周身減地雕琢中國傳統十二章紋，分別有日、月、星辰、山、龙、华虫、宗彝、藻、火、粉米、黼、黻等十二種圖案。此器上取白玉雕琢，下承碧玉作為子母口底座。清朝以前，和闐產的大塊玉料稀缺，因此很難見到大器。清乾隆二十五年（1760年）以後，隨著邊疆戰事的平息，從新疆專供皇家御用玉料陡增，為大型玉擺件的製作提供了豐富的原料。從現今兩地故宮舊藏的玉器中我們可以發現，這一時期宮廷所用玉料以青玉和碧玉為多，比如交泰殿二十五璽中就有15件為青玉或碧玉製成，就連當年乾隆帝為了紀念和闐玉得以通暢輸入內地所特製的刻御製和闐玉詩文大盤也為碧玉製成。此件印盒正好可以證明乾隆皇帝對於這兩種玉料的偏愛。其用料與工藝富有濃郁的宮廷氣息，是難得一見的精品。

QIANLONG PERIOD, QING DYNASTY A WHITE JADE INKPAD BOX WITH CHINESE ERA PATTERN AND 'QIANLONG' MARK

高：5.8cm　長：10.4cm　寬：10.4cm

RMB: 500,000－600,000

乾隆年製

1658

清・蜜蠟一百零八子朝珠

說明：朝珠為清代朝服上佩帶的珠串。狀如念珠，計一百零八顆。珠用東珠（珍珠）、珊瑚、翡翠、琥珀、蜜蠟等製作，以明黃、金黃及石青色等諸色絛為飾，由頂上垂掛於胸前。朝官凡文官五品、武官四品以上才得掛用。根據官品大小和地位高低，用珠和絛色都有區別。此串朝珠為蜜蠟質地，正圓珠子，大小均勻，共計一百零八顆，佛頭塔和墜珠均為皆為青金石，同為名貴材料。蜜蠟因其顏色如蜜，光澤似蠟而得名，經地質變化，須經歷幾千萬年的歲月方能形成，以其質地脂潤，肌理細膩，觸手溫潤，成為歷代皇族所採用的飾物與宗教之加持聖物，令佩戴者與珍藏家得到無比的幸運和財富。這串珠子的選料上乘，蜜蠟黃中發紅，老蜜蠟特徵明顯，紋理均勻的珠子，光華內蘊，材質細膩，打磨圓潤，做工精細，實為朝珠中之上品。

QING DYNASTY A STRING OF OFFICIAL AMBER BEADS

珠徑：1.5cm　數量：108

RMB: 50,000—80,000

1659

清中期·黃玉雕如意擺件

說明：明清時期，如意的部分功能向純粹陳設珍玩方面演化，吉祥式的藝術得到了充分發展，如意就是這種社會潮流、習俗的具體表現。在清代宮廷中，如意備受推崇，皇帝登基、大婚，元旦、萬壽等節慶之日，天下最華美精緻的如意紛紛貢入宮廷，如意也成爲清宮裝飾的常見器物，宮內寶座、臥榻、案頭等角落都有如意的形影。

此柄如意整體刻畫細緻，打磨圓潤，構思巧妙，雕工精湛，清逸淡雅卻暗含逼人貴氣，更加諸“福慶萬壽如意”之寓意，愈發令人寶愛。

MID-QING DYNASTY A YELLOW JADE 'RU YI' SCEPTER

長：37.2cm

RMB: 80,000—120,000

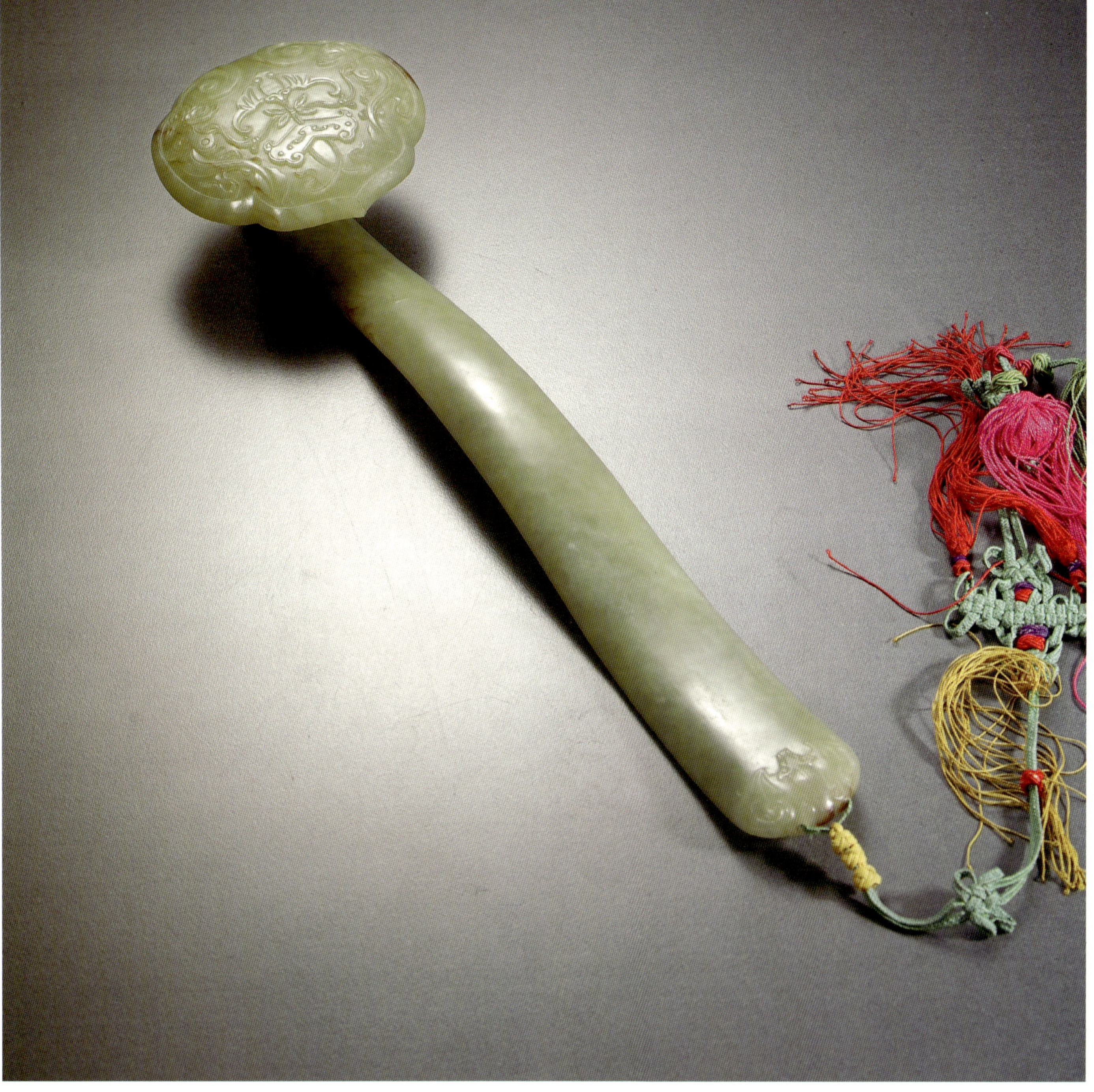

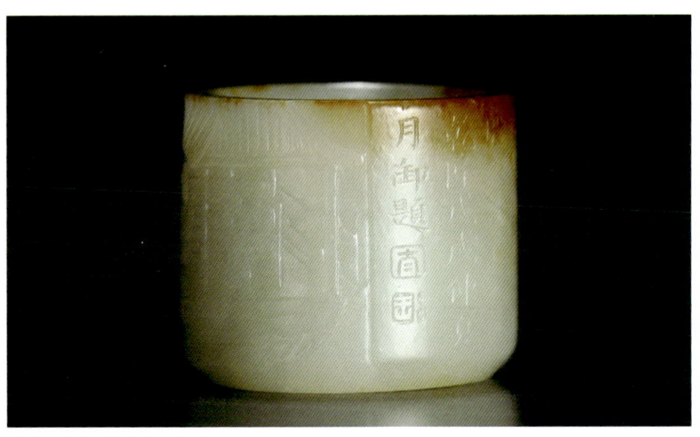

1660

清・白玉雕御題詩扳指

銘文：弓矢文皇喻政深，木求脈理正於心，繫予職亦臨民者，良譬惟殷效法欽。乾隆戊戌仲夏月御題。太（白）。璞（朱）。

說明：韘，或後稱之扳指，射箭時用，可護姆指免受弓弦回彈所傷，史可上溯殷商，初采獸骨、皮革為材。河南殷墟婦好墓出土早期玉韘例，飾獸面紋，可作參考。滿人馬上得天下，尤重騎射，是以對引弓用之扳指，尤為珍視，以為重要佩飾。高宗喜狩獵、擅弓射，不亞于清朝諸君。高宗好韘，乾隆年間所製扳指甚眾。除命製扳指，並屢題詩詠之，相關御製詩逾五十之多，現褐沁白玉扳指卻甚為稀少。

QING DYNASTY A WHITE JADE THUMB RING WITH IMPERIAL INSCRIPTION

高：2.5cm 外徑：3cm 內徑：2.3cm

RMB: 50,000－80,000

1661

清・子岡款白玉螭龍紋簪

款識：子岡

說明：簪白玉製，質地溫潤，瑩白細膩。整器呈圓錐狀，簪頭微微上翹，頗似靈芝，上飾蟠螭紋。簪身亦淺浮雕螭龍紋。此髮簪琢製精細，技藝高超。細刻如遊絲，下刀圓熟自如，曲線優美，走線流暢，頗為難得。

QING DYNASTY　A WHITE JADE HAIRPIN WITH 'CHI' PATTERN AND 'ZI GANG' MARK

長：13.2cm

RMB: 80,000—120,000

1662

清中期·金製手鐲及環杖髮簪一組三件

說明：手鐲爲金質，圓形，以金欄分爲六格，每格中間鏨山水人物紋，內部有印，做工精緻，具有較強的浮雕效果。清代晚期，由于財力不足，宮廷造辦處的規模縮小，許多金器珍寶只得委託民間金店製造或購買，如“聚華”“寶華”“義和”“寶源”等民間金店，都曾爲宮中製造金銀器皿。

簪爲約髮工具，用以固髮，早期亦有搔頭只用。此簪在設計和製作上都極盡巧思，採用累絲工藝，將金料拉細成金絲，編織成形，此金簪所塑紋樣類似于佛教的杖杵一類，顯示了主人的身份地位及佛教信仰，既主體突出，又絢麗耀眼，是能工巧匠手下的一件精美藝術品。

MID-QING DYNASTY TWO GOLDEN BANGLES AND A BUDDHIST HAIRPIN

1. 手镯重：72.3g
2. 手镯重：73.6g
3. 發簪重：18.9g

數量：3

RMB: 80,000—120,000

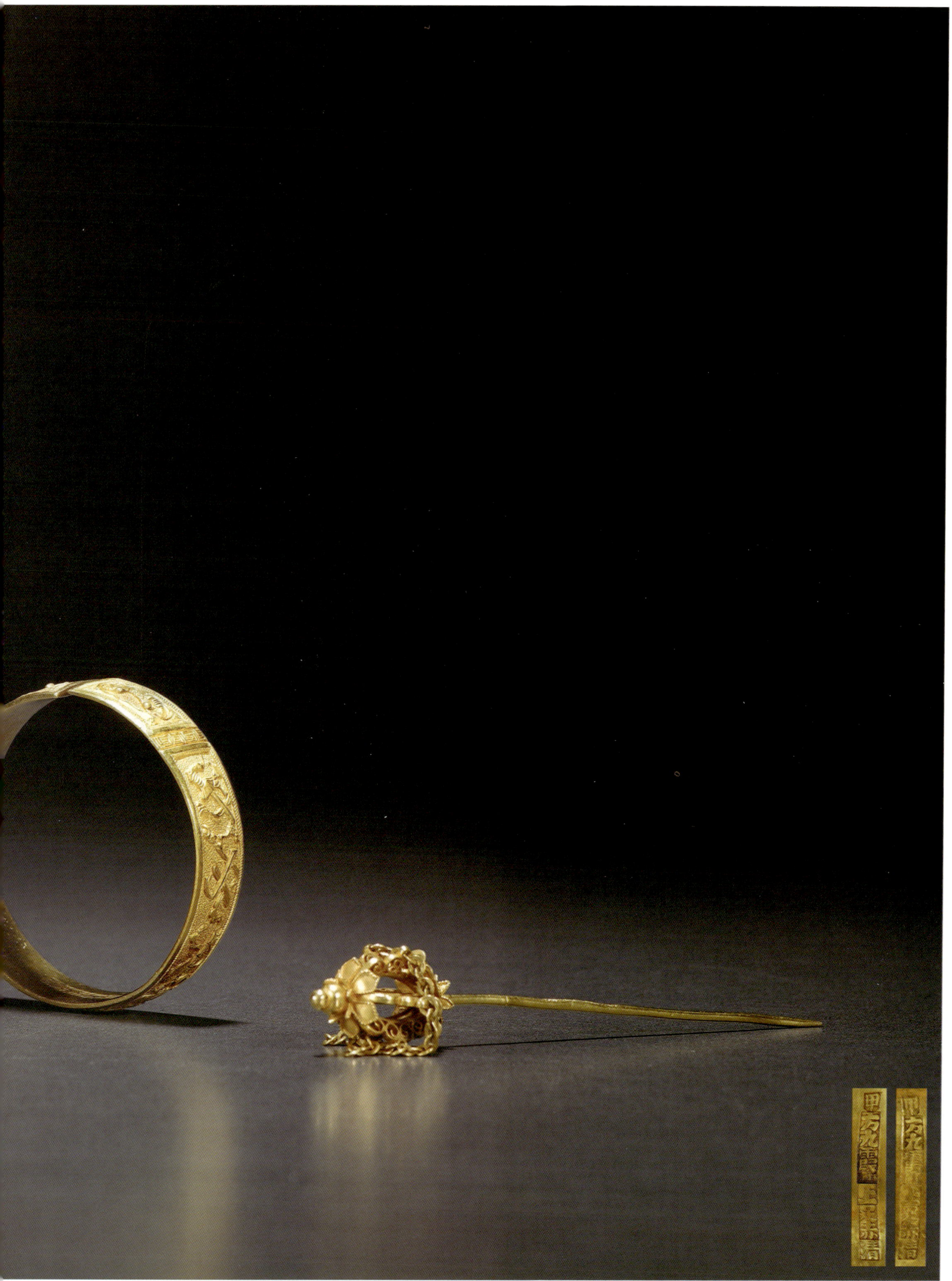

1663

清・白玉雕獅鈕活環耳爐

說明：爐白玉為質，瑩潔白潤，細膩如脂。整器器型規整，古樸大方。爐蓋為三獅戲耍形鈕，獅子突眼重眉，鬃毛捲曲，呈行走狀，動感十足。爐身肩處凸雕獅子口銜活環作耳，神態威猛異常，毛髮細密捲曲，絲絲清晰可見，層次分明有序。額頭隆起，雙眉寬厚，雙目圓睜，神采奕奕。爐身另有一大一小兩只獅子互相對望，仰首甩尾，其樂融融。刀法圓潤流暢，細處精緻。總共五獅，寓意“五世同堂”。

QING DYNASTY　A WHITE JADE CENSER WITH LION PATTERN

高：12cm　長：17cm　寬：12cm

RMB: 50,000－80,000

1664

清・白玉雕三陽開泰把件

說明：羊者，諧音陽，古人認為"羊"與"祥"相通，陽意味著陽氣日升，冬去春來。開泰則意味吉祥恆通，都有羊的諧音，因此羊代表好運到來之意。古人以羊作飾，多寄託吉祥美好期許。本品以白玉圓雕三羊，玉色瑩白，質地溫潤細膩。三羊趴伏於地，昂首擺尾，神情自如。原配紅木座，雕刻精細，端莊穩重，與三羊相得益彰。

QING DYNASTY　A WHITE JADE THREE-GOAT GROUP

帶座高：6.5cm　高：5cm

RMB: 80,000—120,000

1665

清中期・青白玉雕福壽雙桃擺件

MID-QING DYNASTY A PALE-CELADON JADE PEACH

帶座高：8.7cm 高：6.5cm

RMB: 30,000－50,000

1666

清・青白玉雕童子龍紋瓶

QING DYNASTY A PALE-CELADON JADE VASE WITH BOY AND DRAGON PATTERN

高：13.7cm

RMB: 30,000—50,000

1667

清・玉雕饕餮紋雙耳香蓋爐

說明：乾隆帝愛玉如癡，著迷於玉器的考證和研究創新，因乾隆審美常以機巧繁縟爲俗，以傳襲古典爲雅，故而玉器摹古之風興盛，常以商周青銅器爲模本加以變化。此玉蓋爐即屬此類，以商周青銅簋爲藍本，爐身所飾饕餮紋亦爲三代青銅器之典型紋飾，然器型和紋飾有增減，著重仿其神韻。玉蓋盒精工細琢，掏膛規整細膩，極爲考究。器形端正古樸，紋飾高古風雅，爲乾隆仿古玉之典範。

QING DYNASTY A JADE CENCER AND COVER WITH BEAST PATTERN

Provenance: Lot 92, Christie's London, May 10, 2011

高：12.3cm 長：20.5cm 寬：14cm

RMB: 350,000－500,000

來源：倫敦佳士得 2011 年 5 月 10 日，第 92 號拍品。

參閱：《故宮博物院藏文物珍品全集 - 玉器篇下》Lot.154 玉夔紋簋，第 188 頁，商務印書館（香港）。

清乾隆·銅鎏金嵌料石暗春宫鼻烟盒

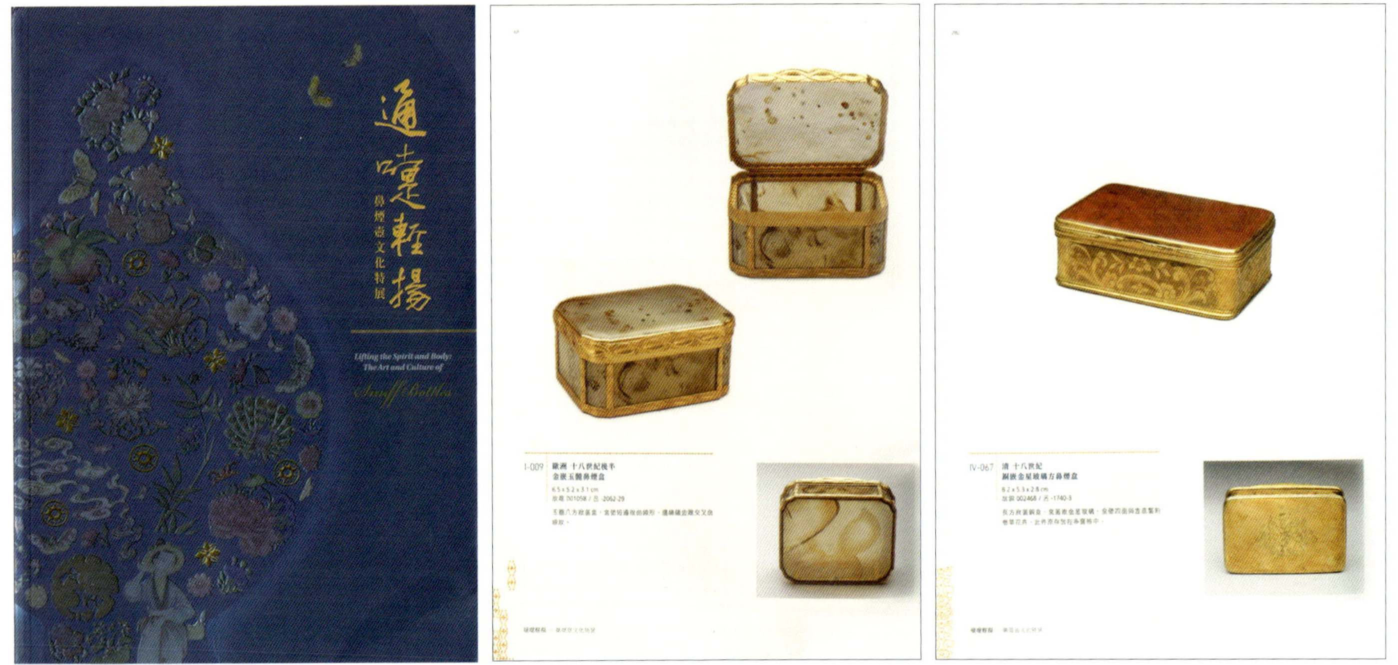

參閱：《通嚏輕揚 - 鼻煙壺文化特展》，第 68、280 頁，臺北，侯怡麗編，2012 年。

1668

清乾隆・銅鎏金嵌料石暗春宮鼻煙盒

說明：自新大陸發現，煙草逐步在世界流傳開來。鼻煙的儲存需要密封防潮，且粉末不漏，因此在不同地區不同風俗，鼻煙容具也截然迥異。傳入中國，為放入袖袋，便於攜帶，多製成壺形，便是鼻煙壺。而在西方，使用頻率最高的就是鼻煙盒。

鼻煙盒的正式定名在公元 1726 年，英文名稱 Snuffboxes。鼻煙最初在宮廷與上層貴族間流行，為強調自己的藝術修養和品味，他們聘用良工巧匠訂製各類鼻煙盒。在歐洲各國宮廷，鼻煙盒時尚風靡，材質工藝都追求華麗精緻，盡善盡美，彰顯尊貴，是身份地位的象征。如法國路易十四雖不吸鼻煙，卻熱衷於鼻煙盒的製作，並作為禮品贈予大臣及外國朝廷。

大約在清代乾隆時，這股浪潮影響到中國宮廷。此件鼻煙盒就是一例，盒身平面做八邊長方形，精銅而製，滿工雕刻，鎏金鑲嵌。盒蓋上減地浮雕繪風景，以花卉為邊框，兩側和遠方各有屋宇，臨近兩隻山羊。從花卉邊框設置、建築式樣風格、山羊寫實刻畫，可知出自歐洲藝術家手筆。而三處建築的佈局，又有中國傳統的深遠韻味。邊緣一周，以紅、白料石交替點綴，似紅、白寶鑽晶瑩剔透。蓋壁陰刻花卉，器身小面浮雕花卉，大面題材則與器蓋相似。值得注意的是，在盒身後壁上，有一城堡圖案，上有一面"十"字旗。十字旗即聖喬治十字旗，在當時的歐洲，英格蘭數百年一直沿用。依據盒的裝飾風格，推測工匠或許來自英國。

打開鼻煙盒，蓋內有鏡子，中有夾蓋，透明玻璃下，有紙本繪暗春宮一幅。暗春宮是晚明開始流行的一種題材，男女多著衣，動作親暱。在古代，春宮圖有著護身符的作用，人們相信陰陽之合有著最盛的陽氣，可驅走陰氣。又有謂火神系女性，見春宮則羞恥卻步，繼而防火。因此書箱之中，有夾春宮圖之例。在中國和日本，還有在衣物箱中放置，以期防蟲。對於需要防潮的鼻煙盒，加以春宮，寓意自明。

畫面中，男女著中國傳統衣裝，在河邊石上相擁，後有涼亭高牆，垂柳蔭蔭。這一充滿中國特色的繪畫，應出自宮廷畫師之手。在清宮之內，收藏有許多西洋鐘錶，有西洋工匠製作，有國內仿製者，亦有共同為之者。此件器物應是東西方精工合製之作，其中的水銀玻璃鏡、料石是西方特有，在當時中國只有宮廷才能享用。終乾隆一朝，鼻煙壺較為多見，而鼻煙盒寥寥無幾，極為珍罕。

QIANLONG PERIOD, QING DYNASTY　A GLASS-INLAID GILT-BRONZE SNUFF BOX WITH FIGURE PATTERN

Provenance: Previously collected by A & J Speelman.

高：3.5cm　長：7.4cm　寬：6cm

RMB: 280,000－350,000

來源：英國倫敦著名收藏家 A & J Speelman 舊藏。

參閱：《通臆輕揚 - 鼻煙壺文化特展》，第 68、280 頁，臺北，侯怡麗編，2012 年。

1669

清中期·貼黃雙龍捧壽紋八方捧盒

說明：貼黃又稱“竹黃”、“反黃”等。其工藝取竹筒內壁之黃色表層翻轉過來，經煮壓，貼到木製胎骨上使其成器。

此件捧盒造型規整，胎骨飽滿，每塊竹簧拼接鑲嵌平整圓滑，蓋面雕琢雙龍捧壽，盒壁雕龍鳳紋，裝飾繁縟，做工精緻，體現了清代貼黃工藝和淺雕工藝的精湛高超。配木盒。

MID-QING DYNASTY　A BAMBOO-ENVELOPED CASE WITH DRAGON PATTERN

高：12.5cm　口徑：26cm

RMB: 50,000－80,000

1670

清・雍正年製款松花石淌池硯及堆朱龍紋香盒一組兩件

款識：雍正年製

說明：松花石硯備受清帝推崇，並被康熙帝封為"御硯"，僅為皇室御用或賞賜功臣。此硯以整塊松花石琢成，硯呈橢圓，質堅而潤，色澤青碧，硯堂平滑，誠為珍品。配套料龍紋硯盒。

香盒通體髹紅，蓋雕團龍，鬚髮賁張，指爪張揚有力，益顯其雄壯威武。盒內漆金，底髹黑漆，腹刻回字紋。香盒貴小，然相對奏刀不易。此盒得藝匠精湛凝練之刀法，繁簡相融，為漆雕精品。

原配木盒。

QING DYNASTY　A SONGHUA INKSTONE WITH 'YONGZHENG' MARK AND AN INCENSE CASE WITH DRAGON PATTERN

硯台　高：1.2cm　硯盒高：2.2cm　長：9cm　寬：7cm

香盒　高：1.7cm　直徑：3.9cm

RMB: 120,000—180,000

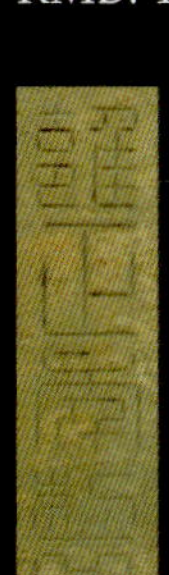

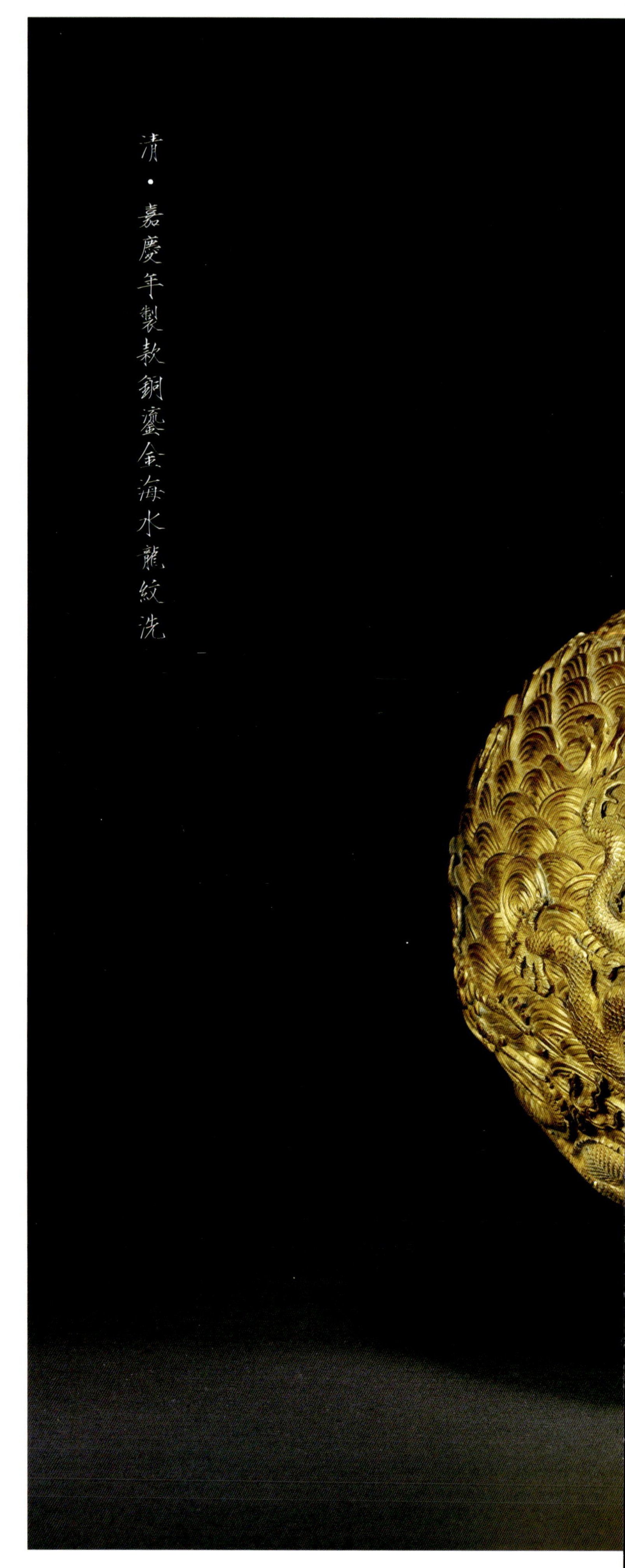

1671

清·嘉慶年製款銅鎏金海水龍紋洗

款識："嘉慶年製"雙行楷書款

說明：銅鎏金工藝，以鉢為造式，口內斂，腹扁鼓，平底。外壁龍騰勢大，威風凜凜，穿行其間，海水祥雲湧現。做工精細，紋飾精美生動，實為難得之佳器。

QING DYNASTY　A GILT-BRONZE BRUSH WASHER WITH DRAGON PATTERN AND 'JIAQING' MARK

高：20cm　口徑：19.3cm

RMB: 260,000—300,000

嘉慶年製

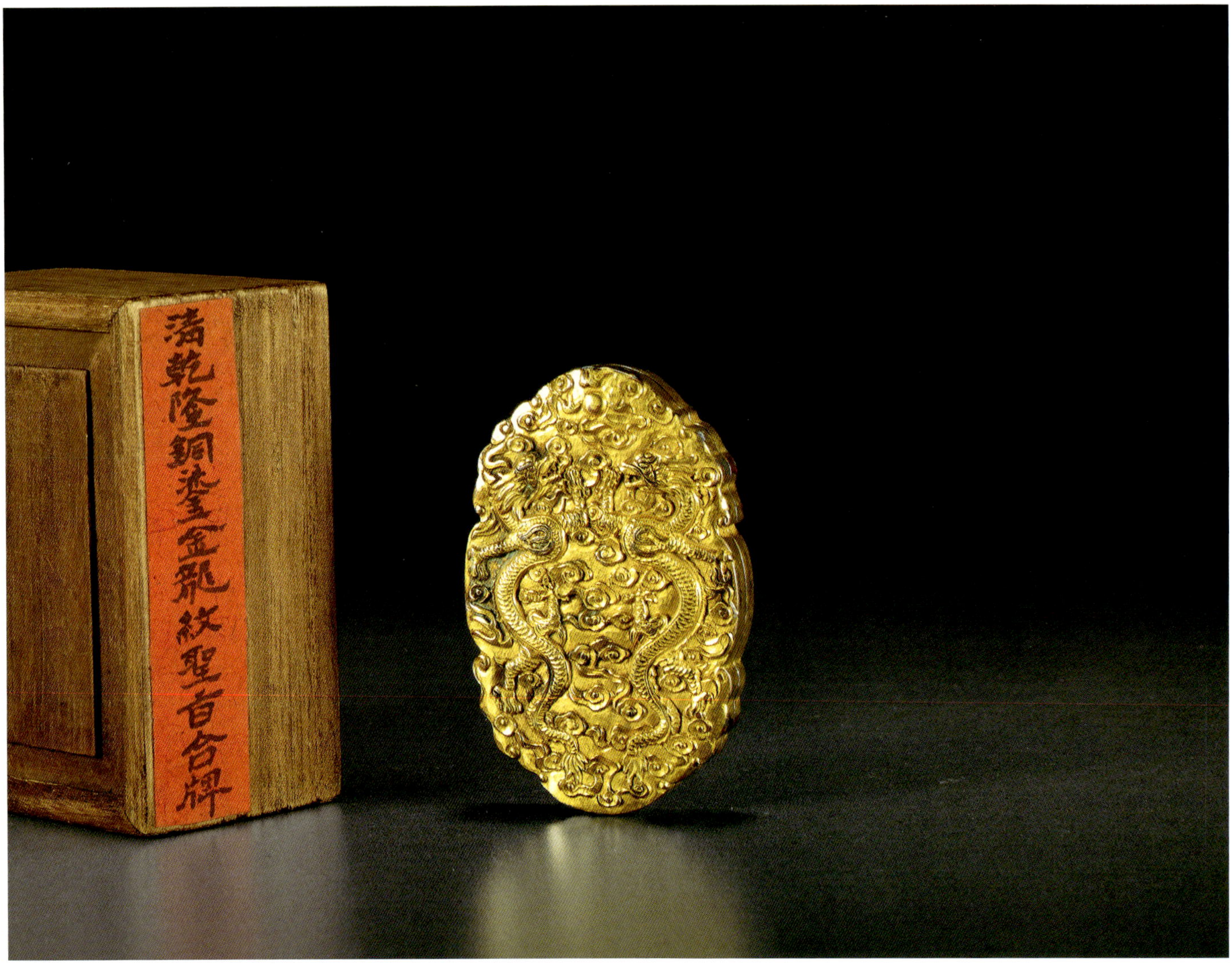

1672

清・銅鎏金雕雙龍紋聖旨合牌

說明：此合牌雙面均雕二龍戲珠紋，以雲紋襯托，更顯龍騰飛舞之姿。鎏金工藝，金光燦燦，雕工細緻。以"聖旨"二字為字母口合牌，構思奇特，實為妙用。原配木盒。

QING DYNASTY A GILT-BRONZE PLAQUE WITH DRAGON PATTERN

高：8.2cm 寬：5.4cm

RMB: 30,000—50,000

1673

清中期·白玉雕龍紋雙螭耳瓶

說明：取材白玉，整挖而成。瓶身浮雕龍紋，兩側各攀附螭龍作耳，俯首下窺，身姿靈動。整器造型古韻雅緻，刀工簡練明朗，繁簡互映，張弛有度，勘為佳品。

MID-QING DYNASTY　A WHITE JADE VASE WITH 'CHI' HANDLES AND DRAGON PATTERN

高：16.5cm

RMB: 30,000－50,000

1674

宋 - 元 · 黃玉臥犬

說明：宋元時，世俗用玉及玉器收藏有所發展。隨著玉器功能的土庶化和裝飾化，玉器的造型呈現出賞玩化與世俗的趨勢，出現了眾多可以充當鎮紙或僅用於把玩的以動物為造型的小型玉器。這些玉獸多圓雕製成，淳樸可愛。

SONG DYNASTY-YUAN DYNASTY A RECUMBENT YELLOW JADE DOG

Provenance: Previously collected by Wuxi Antique Company.

高：4.5cm 長：10.8cm

RMB: 50,000—80,000

來源：無錫文物公司舊藏。

1675

宋 - 元 · 黃玉瑞獸把件

說明：美玉為歷代千金之士所寶愛。在新疆和田玉大規模開採之前，羊脂白玉珍稀難求，而黃玉更有過之。明代高濂《燕閒清賞箋》中說"玉以甘黃為上，羊脂次之"。此件玉質純淨厚潤，光是玉材便不可多得。

SONG DYNASTY-YUAN DYNASTY　A YELLOW JADE BEAST

Provenance: Previously collected by Wuxi Antique Company.

高：2.5cm　長：6.5cm

RMB: 50,000—80,000

來源：無錫文物公司舊藏。

1674號 — 1677號拍品為無錫文物公司舊藏

1676

清・紅翡巧雕賢者把件

QING DYNASTY AN ORANGE JADEITE CARVING GROUP

Provenance: Previously collected by Wuxi Antique Store.

長：6.8cm

RMB: 20,000－30,000

來源：無錫文物公司舊藏。

1677

清·白玉雕一鷺蓮科擺件

說明：玉質潔白細潤，純潔通透。通體圓雕，所刻玉鷺起首回眸，喙銜蓮枝並蒂蓮花。周身羽毛刻琢細緻，圓滑精巧。鷺銜蓮花取諧音，寓意一路連科，表示科舉仕途順利。古時科舉時代士子為求功名，特別喜用一路連科的題材作裝飾。

QING DYNASTY　A WHITE JADE CARVING GROUP

Provenance: Previously collected by Wuxi Antique Company.

帶座高：8.5cm

RMB: 50,000－80,000

來源：無錫文物公司舊藏。

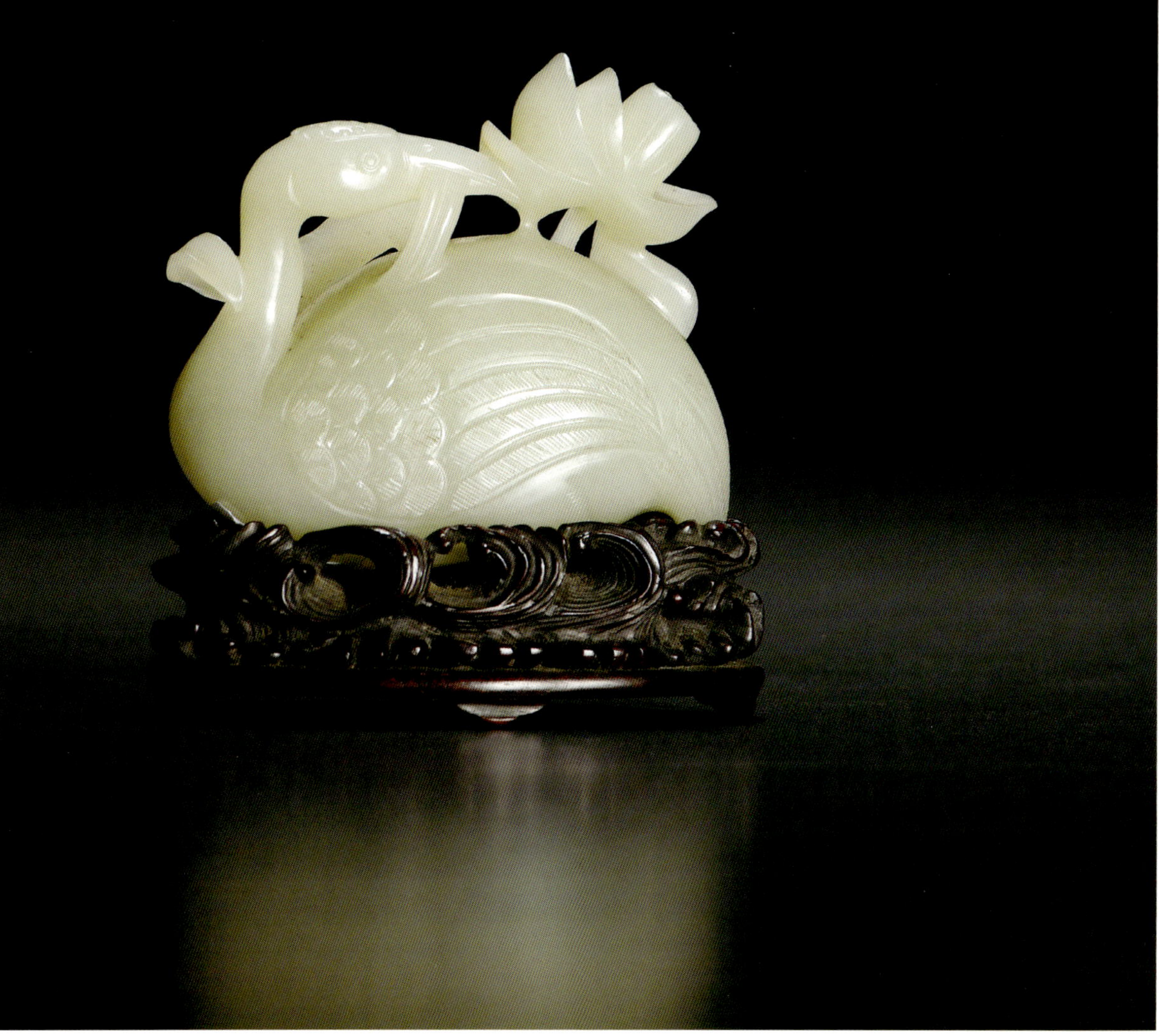

1678
元·白玉雕紅沁臥馬掛件

YUAN DYNASTY A RECUMBENT RUSSET JADE HORSE

高：2.7cm 長：7.7cm

RMB: 20,000—30,000

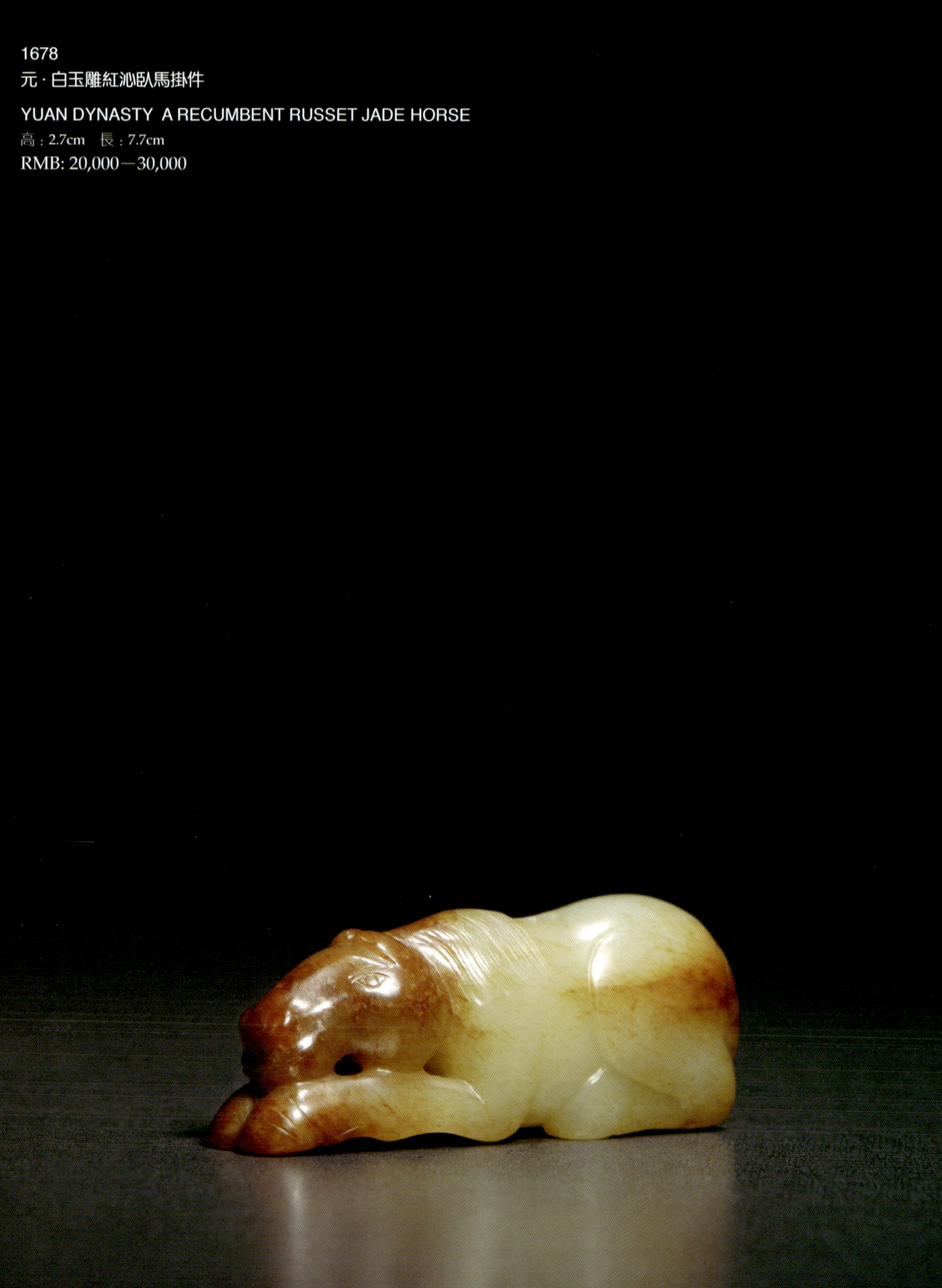

1679

明·黃玉牧牛童子擺件

MING DYNASTY A YELLOW JADE 'BOY AND BUFFALO' ORNAMENT

高：1.7cm 長：8cm 寬：5cm

RMB: 20,000—30,000

1680

漢・玉劍飾一組四件

說明：玉劍飾是鑲嵌裝飾在劍上的玉質飾物，古人也稱為“玉劍具”。常見有劍首、劍格、劍鞘上帶扣玉璏和鞘末玉珌四種。玉具劍始見於西周，春秋戰國時興起。至漢代是玉具劍使用的鼎盛階段，是帝王貴族標榜身份地位的象徵。

此組劍飾劍首平面為圓形，中心為一條游動螭龍，有穿孔和溝槽。劍格中間長棱形孔，可納劍柄，一面浮雕一螭，另一面飾幾何紋。劍璏為長方扁條狀，中間有方孔可縛於劍鞘之上。頂部圓雕一大一小兩只螭龍，其攀爬有力，大螭體態矯健，曲度很大，頗有活力。小螭蜷伏一隅，對首相視，似有一種親暱感，極具韻味。劍珌有兩個對穿斜孔和一個直孔，便於固定劍鞘。一側作變形幾何紋，另一側為浮雕螭龍。四件劍飾玉質油潤，其上受多色玉沁，頗為精美。

HAN DYNASTY　FOUR JADE SWORD ORNAMENTS

劍首：直徑 5.3cm
劍格：長 6.5cm
劍璏：長 9.5cm
劍珌：高 4.5cm
數量：4
RMB: 180,000—250,000

漢・玉劍飾一組四件

1681

商 · 汉 · 各式古玉一組五件

說明：古人喜好以玉作器，金銀有價，而玉無價。五件古玉分別為雙螭紋玉劍首、有領玉璧、龍鳳紋玉帶鉤、谷紋玉圭璧、玉鳳鳥。以龍、鳳、輪、圭璧為造型，雕工細緻，玉質緻密。

SHANG DYNASTY-HAN DYNASTY　FIVE ANCIENT JADE ARTICLES

玉劍首高：2.6cm　直徑 4.5cm

玉璧高：3.5cm　口徑：6.6cm

玉帶鉤長：9cm

玉圭璧高：10.5cm

玉鳳鳥長：7.8cm

數量：5

RMB: 30,000—50,000

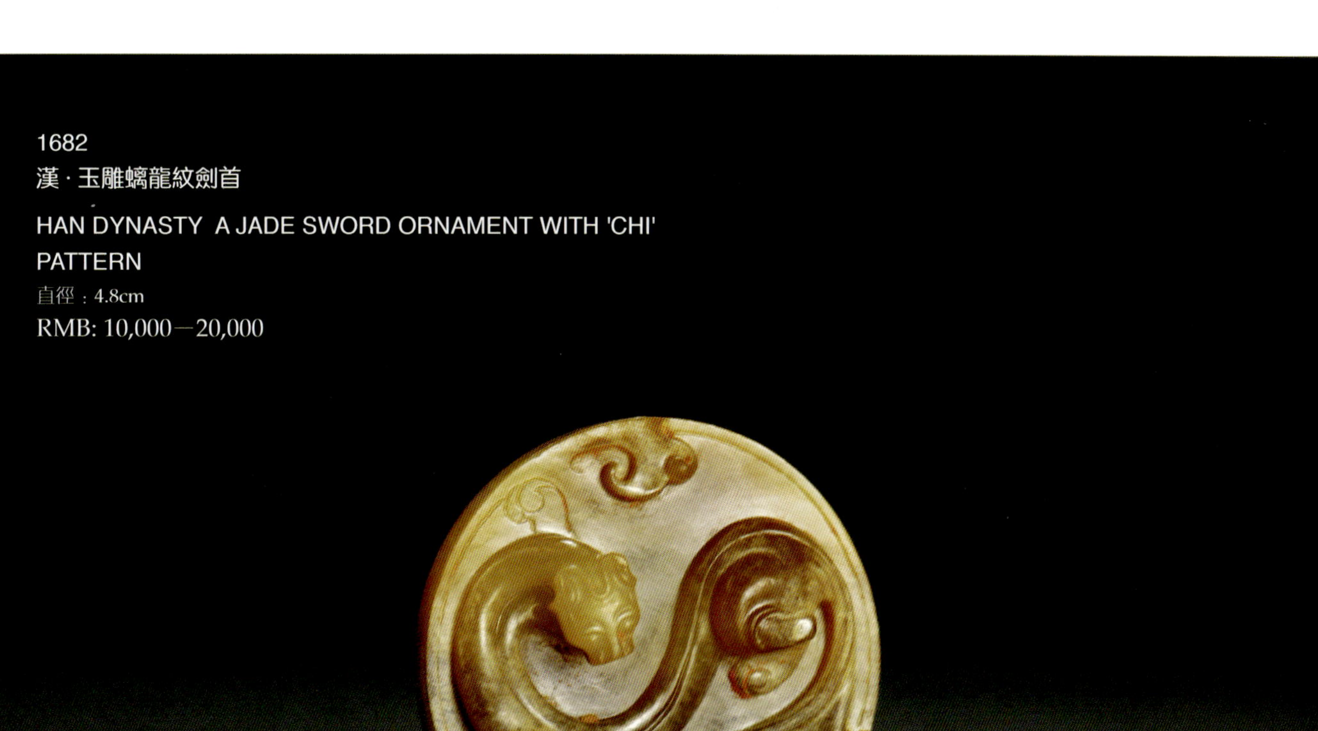

1682
漢·玉雕螭龍紋劍首
HAN DYNASTY A JADE SWORD ORNAMENT WITH 'CHI' PATTERN
直徑：4.8cm
RMB: 10,000—20,000

1683
明·玉劍飾一組三件
MING DYNASTY THREE JADE SWORD ORNAMENTS
RMB: 20,000—30,000

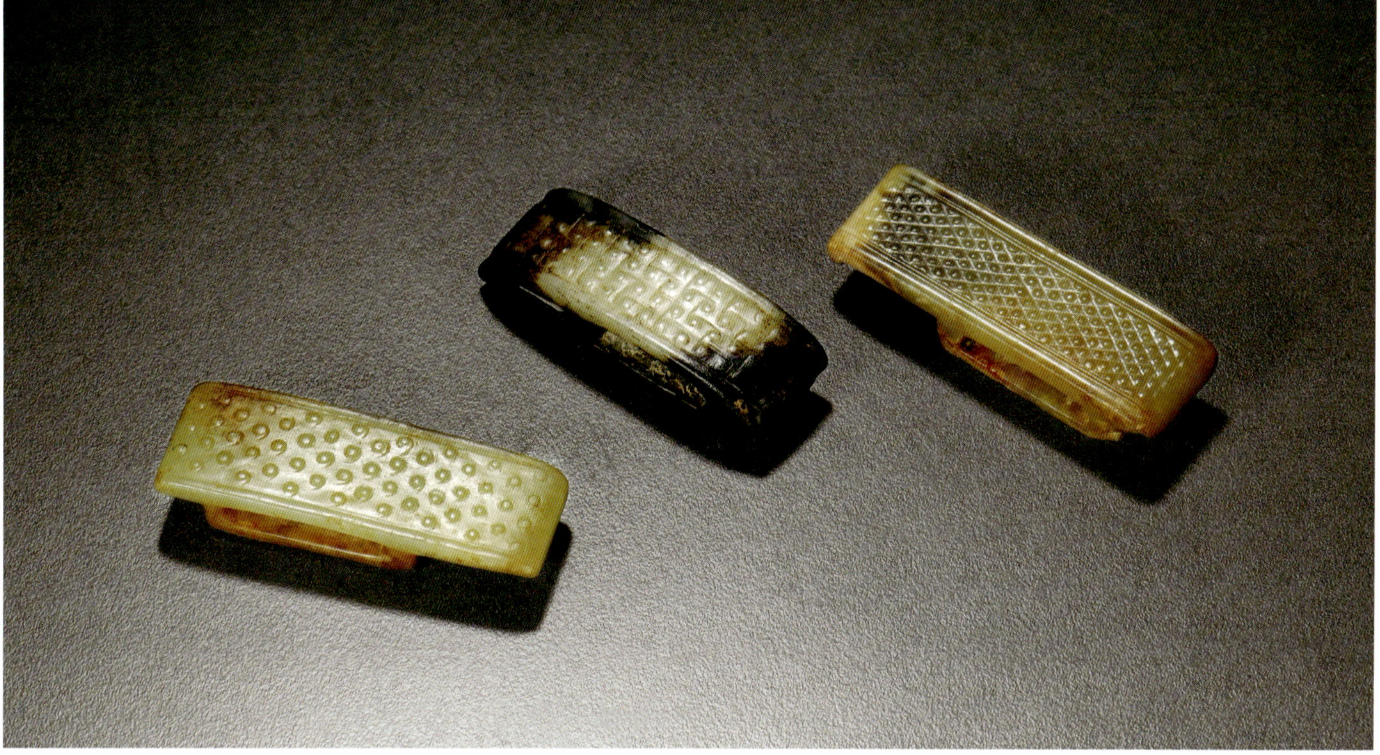

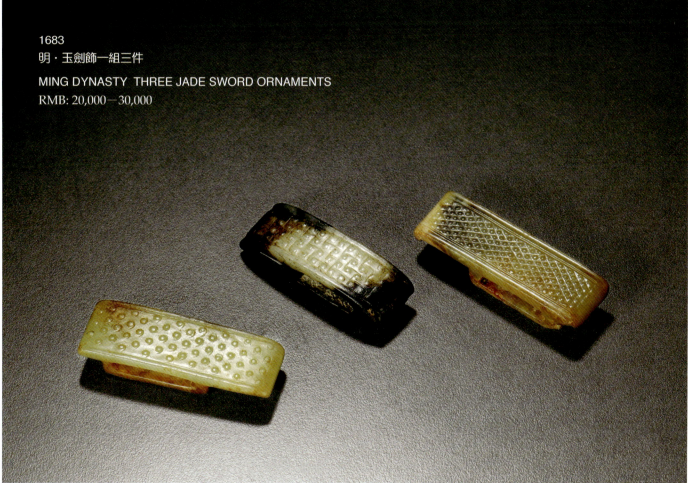

1684

漢・玉雕龍劍飾

HAN DYNASTY A JADE SWORD ORNAMENT WITH DRAGON PATTERN

長：6.2cm 寬：2.1cm

RMB: 20,000—30,000

1685

漢 - 明・玉琮等各式玉件一組三件

HAN DYNASTY-MING DYNASTY A JADE ORNAMENT, *CONG*, A JADE PENDANT AND A JADE DISC

琮高：2.2cm 口徑：2.7cm

佩長：5.5cm

璧口徑：4.7cm

數量：3

RMB: 30,000—50,000

1686

戰國 - 漢 · 玉谷紋璧

WARRING STATES PERIOD-HAN DYNASTY A JADE DISC WITH GRAIN PATTERN

直徑：7.1cm

RMB: 40,000—60,000

1687

清乾隆・白玉雕臥馬把件

QIANLONG PERIOD, QING DYNASTY A RECUMBENT WHITE JADE HORSE

帶座高：4.4cm 高：3.3cm

RMB: 50,000－80,000

1688

明·白玉鹿把件

MING DYNASTY A WHITE JADE DEER

高：3.4cm

RMB: 10,000—20,000

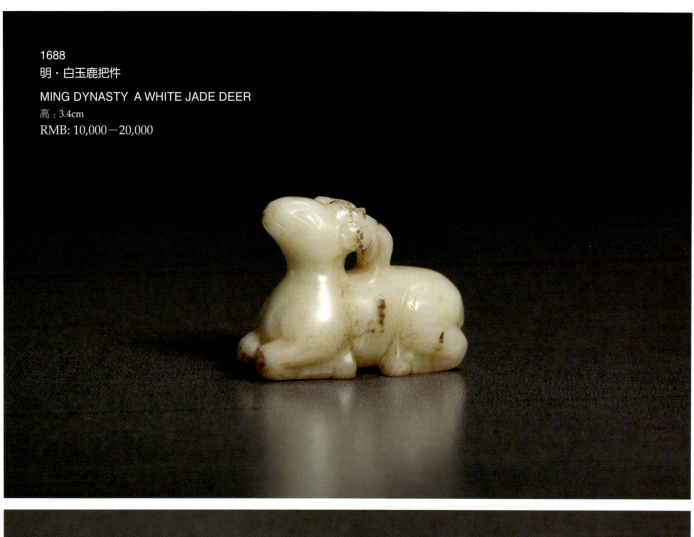

1689

清·白玉紅沁金蟾把件

QING DYNASTY A RUSSET JADE TOAD

高：6.2cm

RMB: 30,000—50,000

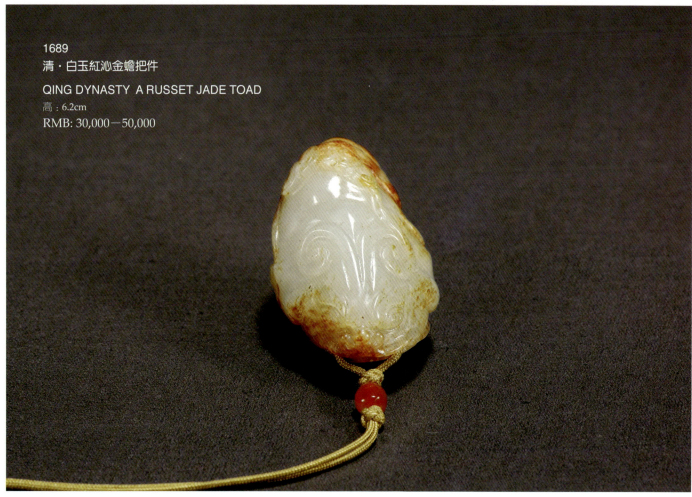

1690

清乾隆·白玉雕雙歡擺件

QIANLONG PERIOD, QING DYNASTY A WHITE JADE BADGER GROUP

帶座高：4.8cm　高：2.8cm

RMB: 30,000—50,000

1691

清・白玉雕紅沁臥牛把件

QING DYNASTY A RECUMBENT RUSSET JADE BUFFALO

高：3.7cm　長：7.2cm

RMB: 50,000—80,000

1692

清・白玉雕府上有龍佩

QING DYNASTY A WHITE JADE ‘DRAGON’ PENDANT

長：7.1cm

RMB: 18,000—30,000

1693

明或更早・玉雕七孔擺件

說明：此七孔擺件，刻畫獸紋，紋飾精美，整器造型獨特，有仿古禮器之神韻，神采自得，可作硯屏之用，原配紅木座。

MING DYNASTY OR EARLIER　A JADE ORNAMENT

帶座高：6.7cm　高：4.6cm　寬：10.2cm

RMB: 18,000－30,000

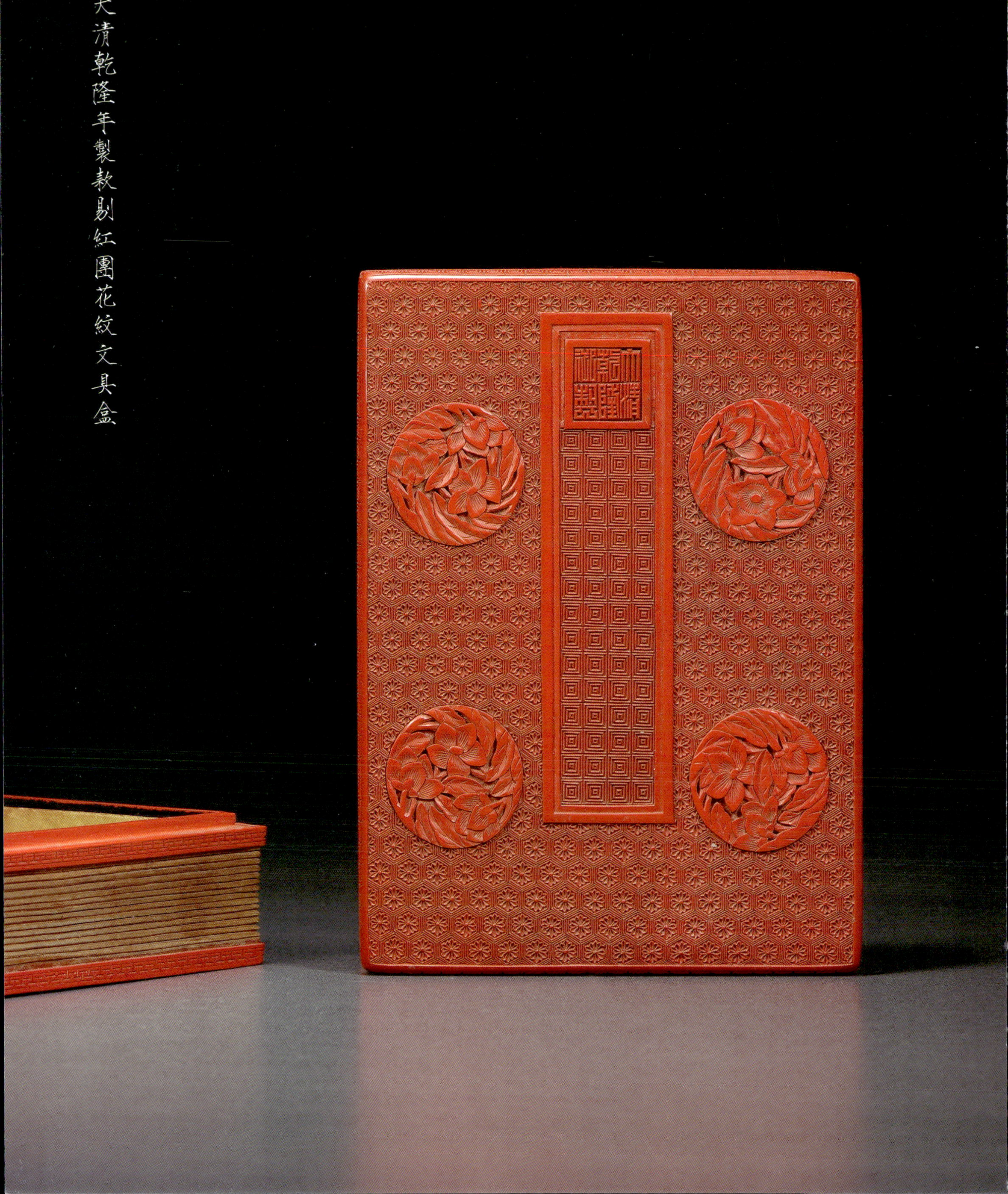

大清乾隆年製款剔紅團花紋文具盒

1694

清乾隆·大清乾隆年製款剔紅團花紋文具盒

款識：大清乾隆年製

說明：乾隆時期，藝術工匠們經過獨具匠心的藝術創新，巧妙地利用各種色彩、裝潢材料和工藝技術，創造了富於廟堂特色的裝幀裝潢風格，將中國古典裝幀藝術推向了璀璨的巔峰。以書函式為藍本設計成的文具盒是清乾隆時期的宮中文房陳設的獨有特色。

此盒形仿線裝書函，天地蓋式。蓋面木胎髹紅漆，錦地上飾團花，共兩排四朵。其中間部位剔刻出長方形書簽，下部回紋錦地為飾，上部以刀代筆雕刻"大清乾隆禦製"六字篆書印文，可見原盒內盛裝物品之貴重。蓋與盒四邊白檀木圍擋，淺刻並列橫線，模仿書口紙張紋路。盒內髹黑漆，外髹紅漆，均光素無紋飾。乾隆時期工藝品的裝飾大多含有吉祥寓意，此盒的圖案為錦上添花之意。

QIANLONG PERIOD, QING DYNASTY A CINNABAR LACQUER STATIONERY CASE WITH FLORAL PATTERN AND 'QIANLONG' MARK

Provenance: Lot 784, Christie's Hong Kong, October 27, 2003

高：7.4cm 長：16.6cm 寬：12.3cm

RMB: 280,000—350,000

來源：佳士得香港，2003 年 10 月 27 日，第 784 號拍品。

參閱：《故宮博物院藏文物珍品大系·文玩》，圖 314，第 317 頁，上海科學技術出版社。

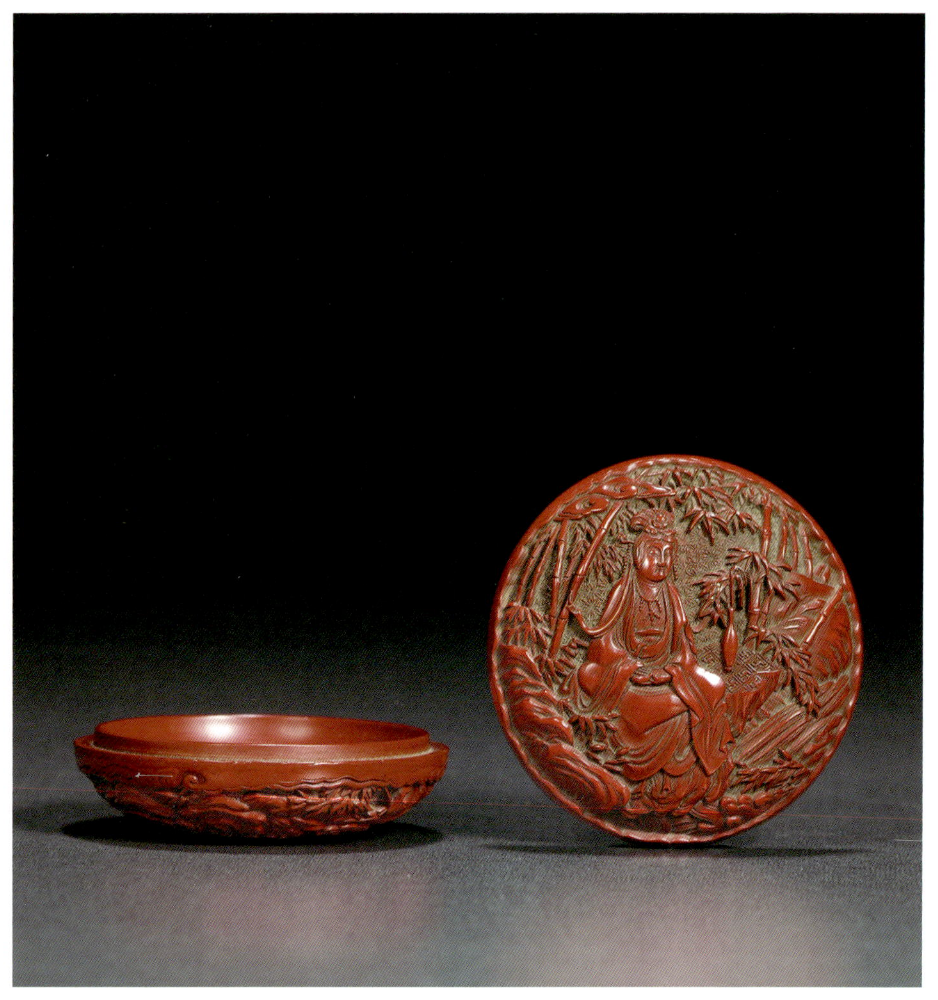

1695

清・剔紅竹林觀音圖香盒

說明：香盒蓋頂圓，子母口。觀音盤臥於竹林間，衣衫飄動，儀態優雅。盒面雖小，卻將遠山祥雲囊括其中，舒緩得宜。整器漆色紅潤，刀法流轉，值得玩味。

QING DYNASTY A CINNABAR LACQUER INCENSE CASE WITH 'GUAN YIN' PATTERN

高：2.8cm 口徑：6.4cm

RMB: 30,000—50,000

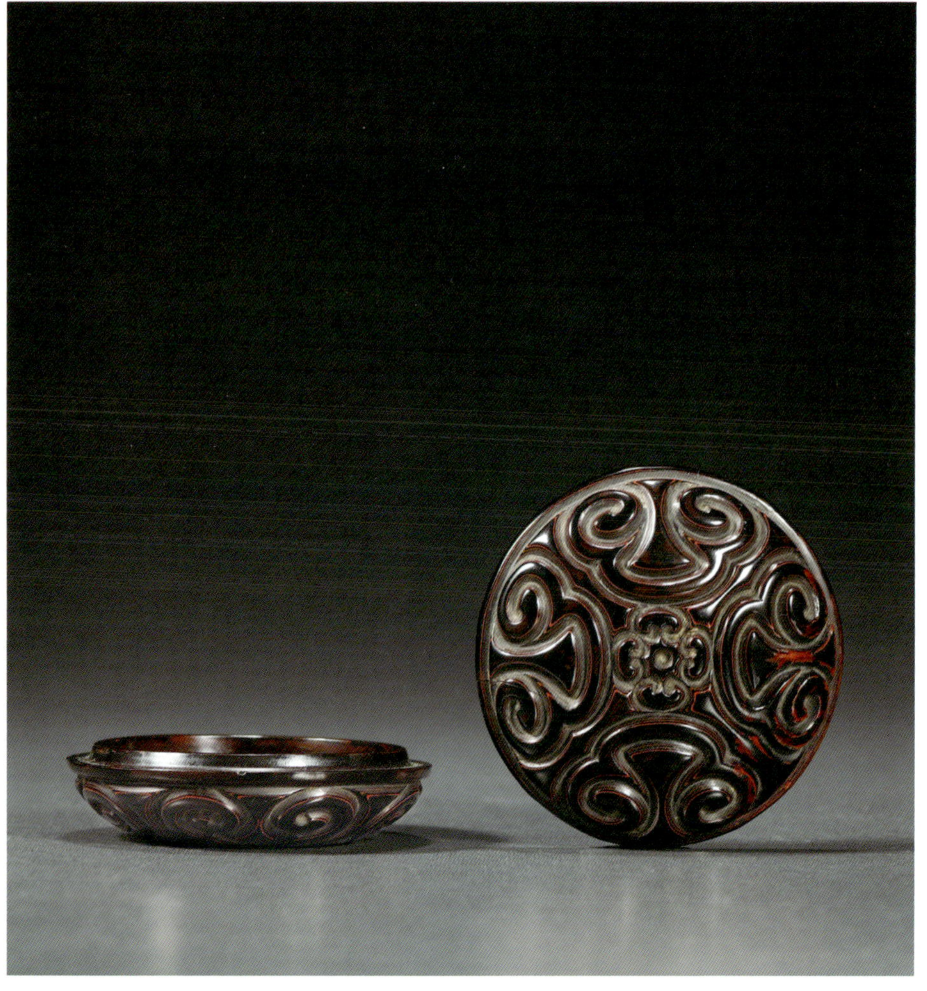

1696

元－明・剔犀如意紋香盒

YUAN DYNASTY-MING DYNASTY A *TIXI* INCENSE CASE WITH AUSPICIOUS PATTERN

高：3.2cm 直徑：7.2cm

RMB: 20,000—30,000

1697

清早期・剔犀雲紋筆筒

說明：剔犀，漆器工藝的一種，是用多層色漆塗器物上雕刻而成。一般是在胎骨上用色漆刷成一個色層，接著換一種色漆刷，一遍一遍刷到一定的厚度，然後用刀刻成各色花紋圖案。筆筒紋飾流轉自如，口沿飾以迴紋，周身剔琢雲紋，下承紅木四足。紋理雕琢迴旋生動，漆層厚約百道，深刻近底，刀法圓潤，剛勁有力，漆質堅密，光澤可鑒，令人賞心悅目。原配紅木座及日本老盒。

EARLY QING DYNASTY　A *TIXI* BRUSHPOT WITH CLOUD PATTERN

高：14.5cm　口徑：11cm

RMB: 50,000－80,000

1698

清·大清乾隆年製款剔紅海棠盤

款識："大清乾隆年製"六字一行楷書款

說明：盤呈海棠形，通體髹朱漆，下承四矮足，底部以金漆書寫六字楷書款"大清乾隆年製"。盤心開光內刻金錢錦地紋，開光外以萬字錦地紋裝飾，紋飾精美。

QING DYNASTY　A CINNABAR LACQUER 'BEGONIA' TRAY WITH 'QIANLONG' MARK

長：18.4cm　寬：13.4cm

RMB: 30,000—50,000

1699

明・剔犀蕉段式香盒

MING DYNASTY A *TIXI* INCENSE CASE

高：2.7cm 口徑：5.7cm

RMB: 80,000—120,000

1700

清 · 剔紅錦地海棠形盤

說明：盤呈海棠形，造型可愛，内外均飾錦地紋，内壁四面均飾以開光以增強裝飾效果，全器構圖平衡和諧，雕工細緻精巧，層次清晰，予人以華美富麗之感。清代雕漆重刻工而輕磨工，乾隆時雕刻尤為精工纖巧。當時雕漆的新風格往往通雕錦紋而不多加裝飾.

QING DYNASTY A CINNABAR LACQUER 'BEGONIA' TRAY

長：18.7cm　寬：14cm

RMB: 38,000－50,000

1701

明・剔紅石榴紋毛筆

MING DYNASTY A CINNABAR LACQUER WRITING BRUSH WITH POMEGRANATE PATTERN

長：19.7cm

RMB: 50,000—80,000

1702

明早期·剔紅牡丹紋蓋盒

說明：漆器剔紅技法成熟於宋元時期，發展於明清兩代。明黃成《髹飾錄》中寫道："宋元之制，藏鋒清楚，隱起圓滑，纖細精緻。"

此件蓋盒通體髹朱漆，漆色紅潤，素地雕牡丹花紋，蓋面雕三朵碩大飽滿的牡丹花，花朵層次豐富，枝葉彎曲自如，葉隨花轉。牡丹花佈置秩序井然，花形圓滿，葉片居間烘托，物象清晰分明，生氣盎然，寓意富貴花開，吉祥如意。明代剔紅以厚葉肥花、姿態艷麗為勝。此盒髹漆肥厚，漆色純正潤美，圖紋別緻，雕工純熟，藏鋒不露，磨工圓滑。製者觀察入微，可謂技臻藝絕。

EARLY MING DYNASTY　A CINNABAR LACQUER CASE AND COVER WITH PEONY PATTERN

高：3.5cm　口徑：6.6cm

RMB: 30,000—50,000

1703

清早期·剔紅菊花紋香盒

說明：剔紅工藝始於宋元時期，而成熟發展與明清。明清剔紅髹漆較為肥厚，有時候甚至到百層。而清代的剔漆工藝更為繁複而不善藏鋒，這主要是由於清代剔紅少見打磨。此件菊花紋香盒，其色光亮鮮紅，不同於明代偏紫色調。內壁與底盒髹黑漆。同時，其錦地與回紋的線條肌理也接近清早期。

EARLY QING DYNASTY　A CINNABAR LACQUER INCENSE CASE WITH CHRYSANTHEMUM PATTERN

高：2.6cm　直徑：6.8cm

RMB: 35,000－50,000

1704

清·剔紅雕人物海棠形香盒

說明：香盒海棠形，子母口。蓋面與外壁髹紅漆，盒內及盒底髹黑漆。器蓋雕老人持扇伏於臥鹿之上，旁一童子吹笙，寓意一路高升。香盒周圍飾一周回紋。整器雕工明快，玲瓏小巧，可珍可賞。

QING DYNASTY A CINNABAR LACQUER 'BEGONIA' INCENSE CASE WITH FIGURE PATTERN

高：2.1cm 長：6.8cm 寬：6cm

RMB: 20,000—30,000

1705

元-明·剔犀香盒

YUAN DYNASTY-MING DYNASTY A *TIXI* INCENSE CASE

高：3cm 口徑：6.6cm

RMB: 30,000—40,000

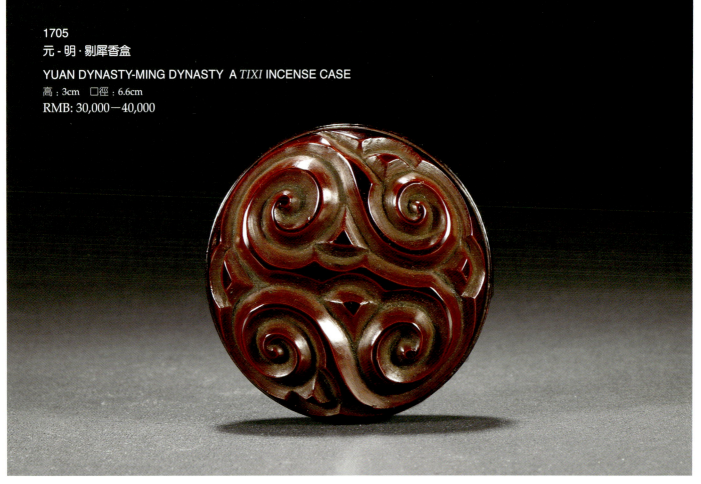

1706

清乾隆·乾隆年製款螺鈿鴛鴦盒

款識：乾隆年製

QIANLONG PERIOD, QING DYNASTY A MOTHER-OF-PEARL INLAID BLACK-LACQUERED 'MANDARIN DUCK' INCENSE CASE WITH 'QIANLONG' MARK

高：3.5cm 長：5.5cm

RMB: 30,000—50,000

蓋內局部圖

1707

清早期·嵌螺鈿人物庭院紋蓋盒

EARLY QING DYNASTY A MOTHER-OF-PEARL INLAID BRONZE CASE AND COVER WITH FIGURE PATTERN

高：10.2cm 直徑：19.8cm

RMB: 25,000－35,000

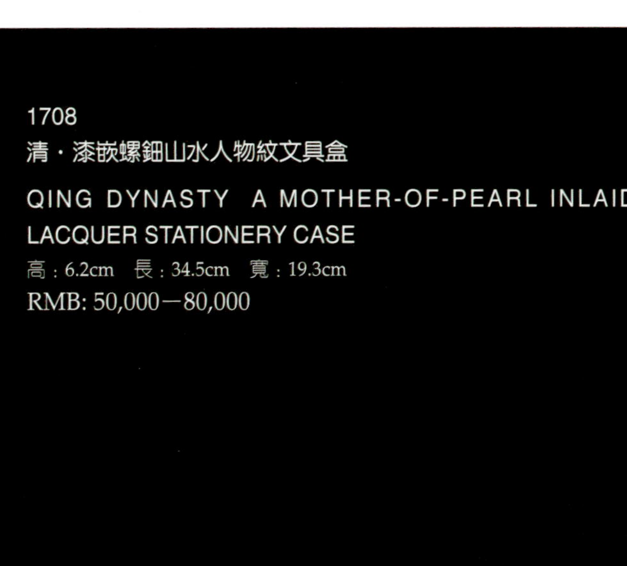

1708

清・漆嵌螺鈿山水人物紋文具盒

QING DYNASTY A MOTHER-OF-PEARL INLAID LACQUER STATIONERY CASE

高：6.2cm 長：34.5cm 寬：19.3cm

RMB: 50,000－80,000

1709

清・嵌螺鈿高士圖蓋盒

說明：蓋盒以黑漆為底，蓋面螺鈿嵌山石松柏，高士騎馬而行，後跟有兩書童，畫面生動。蓋盒外壁裝飾金錢錦地紋，內外底及盒蓋內部分別飾以三多紋，做工精緻。

QING DYNASTY　A MOTHER-OF-PEARL INLAID BLACK LACQUERED CASE AND COVER WITH SCHOLAR PATTERN

高：1.9cm　口徑：7.6cm

RMB: 35,000－50,000

1710

清・江千里款黑漆嵌螺鈿西廂記故事盤一組兩件

款識：千里

說明：嵌螺鈿，以貝殼薄片製成圖樣，鑲嵌在髹漆器物之上，而此器物上的紋路極為細密，更要一點一點緊密貼拼，難度可謂更上一層樓。此盤以黑漆為底，藉以表現夜晚的園中景色，圖案疏朗有致，基調清雅和諧，景物簡中寓繁，人物的服飾及花紋則精心選擇不同色彩的螺鈿鑲嵌，珍珠光澤異彩紛呈，視覺效果令人叫絕，加之悉心的題材領會和工細如絲，人物的五官、姿態、衣紋靜中靈動，栩栩如生，使情境如同再造。

QING DYNASTY A MOTHER-OF-PEARL INLAID BLACK-LACQUERED DISHES WITH FIGURE PATTERN AND 'JIANG QIANLI' MARK

Provenance: Lot 585, Woolley & Wallis, May 22, 2014

高：1.2cm 口徑：12.3cm

數量：2

RMB: 50,000—80,000

來源：Woolley&Wallis，2014 年 5 月 22 日拍賣會，Lot585。

款者簡介：江千里，為活躍於明末清初的鑲嵌漆器工藝家，揚州人，一說為浙江嘉興人。善於嵌鑲螺鈿漆器，技藝精湛，製作漆器後多落款“千里”。到了清代以後，江千里，尤其“千里”這兩個字，更是成為名貴精緻漆器的招牌，當時曾有“家家杯盤江千里”之說。

1711

清・嵌螺鈿山水樓閣紋杯及盞一套四組

QING DYNASTY FOUR MOTHER-OF-PEARL INLAID BRONZE CUPS WITH LANDSCAPE PATTERN AND FOUR SAUCERS

尺寸不一

數量：8

RMB: 30,000－50,000

1712

清早期・嵌螺鈿龍紋倭角方盤

EARLY QING DYNASTY A SQUARE MOTHER-OF-PEARL INLAID BRONZE DISH WITH DRAGON PATTERN

高：4.3cm 長：31.5cm

RMB: 18,000－30,000

1713

清康熙・漆嵌螺鈿小蓋盒

KANGXI PERIOD, QING DYNASTY A SMALL MOTHER-OF-PEARL INLAID LACQUER CASE AND COVER

高：3cm 口徑：3.5cm

RMB: 50,000—80,000

蓋內花紋

1714

清・銅胎剔彩山水人物紋蓋罐

說明：底部鑄滿文款。

QING DYNASTY A *TICAI* JAR AND COVER WITH LANDSCAPE AND FIGURE PATTERNS

高：26.5cm

RMB: 50,000—80,000

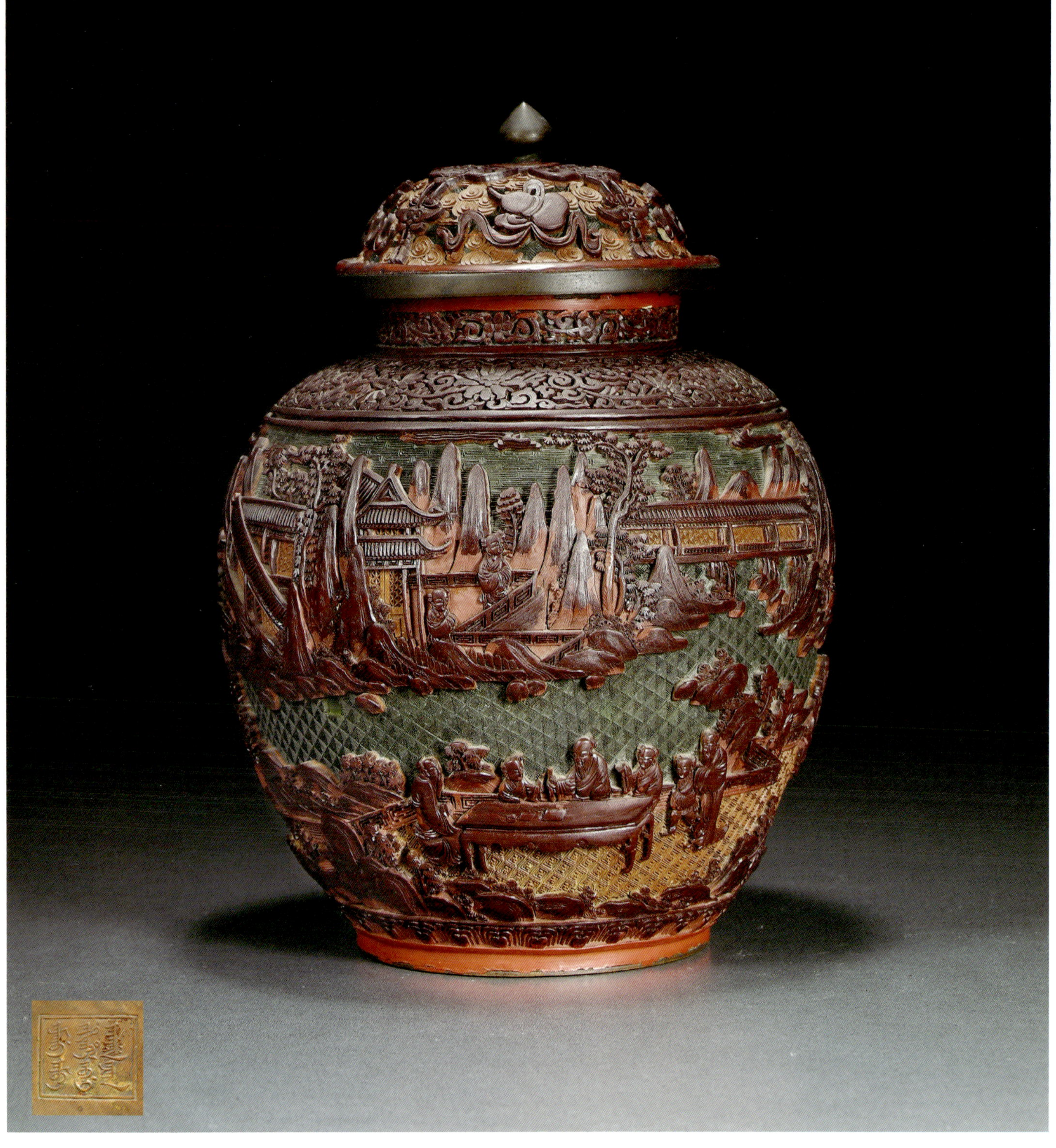

1715

清・段泥爐鈞釉橋耳爐

說明：段泥是製作紫砂的專有材料之一，自然形成的段泥更為珍貴。此爐雙橋耳，微撇口，束頸，鼓腹，下銜三乳丁足。器型周正，釉色溫潤，天藍色映襯之下更顯得氣質不凡。

QING DYNASTY　A ROBIN'S EGG GLAZED DUAN CLAY CENSER

高：11.5cm　長：11.5cm

RMB: 20,000—30,000

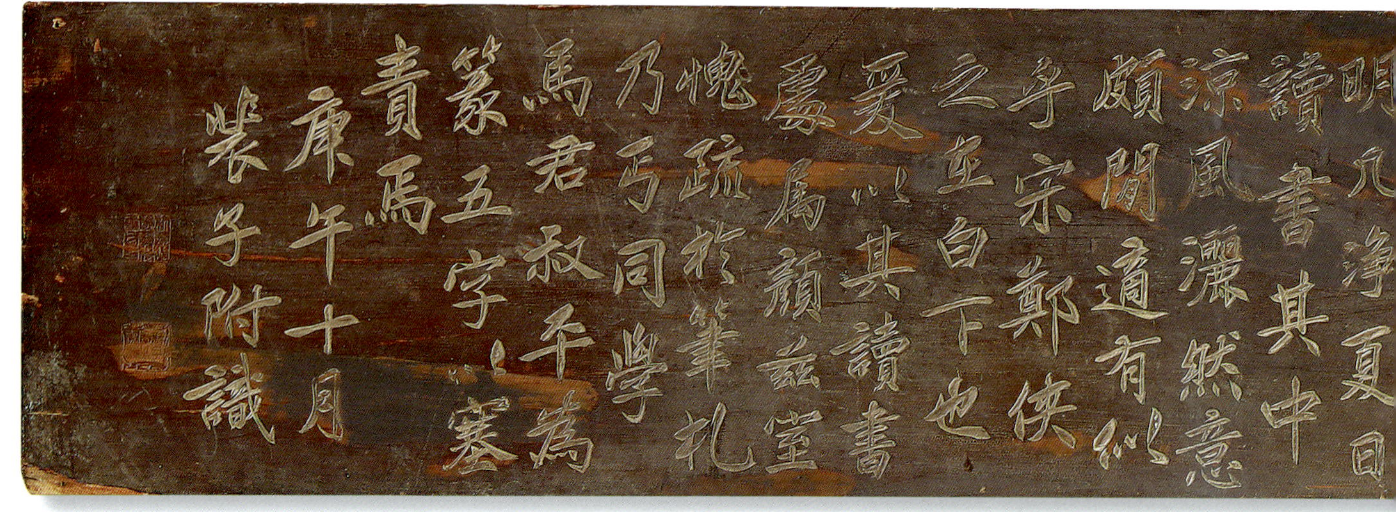

1717

1716

1716

吴昌碩（1844 ～ 1927） 篆書 食破研

木匾

1926 年作

識文：食破研。

款識：丙寅春，摘東坡語，八十三叟吳昌碩。

鈐印：俊卿之印（朱）。倉碩（白）。

WU CHANGSHUO CALLIGRAPHY

Engraved on wood board

Dated 1926

78 × 31cm

RMB: 50,000—80,000

作者簡介：吴昌碩（1844 ～ 1927），原名俊，後改俊卿，字昌碩，又字倉石，號缶廬、缶道人、苦鐵，又署破荷、大聾等，浙江安吉人。詩、書、畫、印皆精，爲一代藝術大師，近代六十名家之一。西泠印社首任社長。

1717

馬衡　　邵裴子

1717

馬衡（1881～1955）、邵裴子（1884～1968）　篆書 清涼一小間

木匾

識文：清涼一小間。

題跋：中父居士橋居胥山之麓，小屋數楹，窗明幾淨……爰以其讀書處屬顏茲室，愧疏於筆札，乃丐同學馬君叔平爲篆五字以塞責焉。庚午（1930年）十月，裴子附識。

鈐印：杭郡邵長光弢龕父（朱）。裴子長生無極（白）。

說明：邵裴子題跋。

MA HENG AND SHAO PEIZI CALLIGRAPHY

Engraved on wood board

174×29cm

RMB: 30,000—50,000

作者簡介：馬衡（1881～1955），字叔平，別署鍔廬、凡將齋，浙江鄞縣人，寓居北京。1947年當選為西泠印社第二任社長。現代著名金石書畫家、篆刻家、鑒賞家、考古學家。早年曾任北京大學研究所國學考古學研究室主任，故宮博物院成立後任古物館副館長，1933年任故宮博物院院長。

跋者簡介：邵裴子（1884～1968），原名聞泰，又名長光，浙江杭州人。1930年7月至1931年11月任國立浙江大學校長。在任教期間，主張"學者辦學"、"輿論公開"，卓有成績。抗日戰爭期間，任浙江省參議會參議、浙江地方銀行常務董事。新中國成立後，曾任民革浙江省委常委、副主委、主委，浙江省文物管理委員會主任，浙江省文史研究館副館長，全國人大代表，全國政協委員。

1718

清・紫檀嵌雲石卷草紋花几

QING DYNASTY A STONE-INLAID ZITAN STAND

高：15.8cm 長：19.5cm 寬：19cm

RMB: 10,000－20,000

1719

清・柞榛木嵌雞翅木面板迴紋小書桌

QING DYNASTY A SMALL WOOD TABLE

高：84.3cm 長：103cm 寬：54.5cm

RMB: 無底價

1720

清・紅木嵌雲石帶筆插硯屏

說明：此件硯屏，紅木作框架，而中間相嵌雲石，猶如山石繞雲，置筆于中腹橫板挖四孔與底部凹槽處。相傳硯屏始於宋，南宋趙希鵠《洞天清錄・硯屏辨》云："古有硯屏，或銘硯，多鐫於硯之底與側，自東坡山谷始作硯屏，既勒銘於硯，又刻於屏以表而出之。"而至明清時期，硯屏由早期遮光擋風之功用，逐步強化，此類帶筆插的雲石插屏就應運而生，從而簡化文人案頭所陳列器物。

QING DYNASTY A STONE-INLAID MAHOGANY TABLE SCREEN WITH BRUSH HOLDER

高：25.7cm 長：18cm 寬：8.8cm

RMB: 50,000—80,000

1721

清・英石供石擺件

QING DYNASTY A 'YING' ROCK ORNAMENT

帶座高：31cm　長：33.5cm

RMB: 20,000—30,000

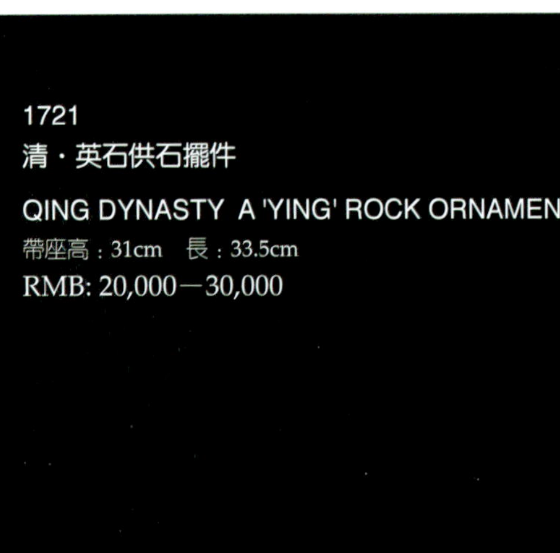

1722

清 · 一線天靈壁供石擺件

銘文：高峰口左有靈隱寺，其 ... ... 峰山中有洞，中間一線，俗謂一 ... ...，此石中柱一線，故餘名之曰，飛來餘跡雲雲。黃易。

說明：靈壁供石自古爲文人所喜，在文章詩詞中亦被反複吟誦。此靈壁供石天然成趣，狀似天然秀峰，天開一線。其色黑如漆，間生白色石筋，叩之聲清如磬，餘音清亮綿長、繞梁不絕，因主人喜愛長久盤玩，包漿醇厚，且刻詩文以頌，謂之靈隱寺一線天。刻西泠八家黃易款。爲書齋案頭絕佳清供。原配底座。

QING DYNASTY A 'LINGBI' ROCK ORNAMENT

高：33.5cm　帶座高：68.3cm

RMB: 75,000－90,000

款者簡介：黃易（1744 ～ 1802），字大易，號小松、秋盦，別署秋景庵主、散花灘人、蓮宗弟子，浙江杭州人。曾官濟甯同知。工詩文，善金石書畫，擅長碑版鑒別、考證，又好蓄金石，甲於一時。篆刻曾師事丁敬，兼及宋元諸家，工穩生動，醇厚淵雅，有所創新。與丁敬、蔣仁、奚岡齊名，爲“西泠八家”之一。擅山水，兼工花卉。工隸書，參與鍾鼎，愈見古雅。

1723

清・詩文供石擺件

銘文：硯山不易見，移得小翠峰。色潤裛書幾，隱約煙朦朧。道光戊申。陳銑。蓮海（朱）。

QING DYNASTY A STONE CARVING GROUP WITH INSCRIPTION

帶座高：20.6cm

RMB: 30,000－50,000

款者簡介：陳銑，字蓮汀，秀水（今浙江嘉興）人。好古精鑒藏，善書法，少遊梁同書之門，親受秘訣，往還尤密。畫得翟繼昌親授，工寫生，尤長梅作小品，下筆邁古有金石氣。

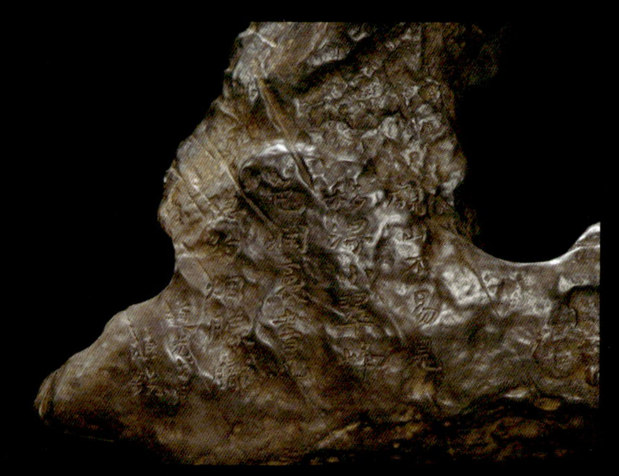

1724

清・靈壁石供石擺件

QING DYNASTY A 'LINGBI' ROCK ORNAMENT

帶座高：39.5cm　高：34cm

RMB: 80,000—120,000

1725

清・翡翠浮雕獸面紋雙龍活環耳杯

QING DYNASTY A JADEITE CUP WITH BEAST PATTERN AND DRAGON HANDLES

帶座高：9.5cm 高：6.8cm 長：11.6cm

RMB: 30,000—50,000

1726

明・白玉雕太白醉酒雙龍耳杯

說明：杯白玉製，材質細膩柔和，溫潤平滑。杯身刻太白醉酒圖，杯內光素無紋，杯身輕靈秀逸，圈足穩而不拙。對稱飾以雙龍耳，規整精巧，雕工精細，頗富古韻。

MING DYNASTY　A WHITE JADE CUP WITH 'DRAGON' HANDLES AND FIGURE PATTERN

Provenance: Previously collected by Shanghai Antique Store.

高：3.5cm　寬：10.5cm

RMB: 60,000－80,000

來源：上海文物商店舊藏。

1727

明·玉雕葵口花觚

MING DYNASTY A LOBED JADE FLOWER HOLDER, *HU*

帶座高：15.4cm　高：12.8cm

RMB: 75,000—90,000

1728

清乾隆·白玉雕獸面紋瓶

QIANLONG PERIOD, QING DYNASTY A WHITE JADE VASE WITH BEAST PATTERN

帶座高：20.7cm　高：18cm

RMB: 120,000—180,000

1729

清・白玉雕力士擺件

說明：力士，又稱末羅，《長阿含經・遊行品》記：爾時，世尊在拘尸那揭羅城本所生處，娑羅園中雙樹間，臨將滅度，告阿難曰："汝入拘尸那竭城，告諸末羅。"其最早源自古印度一大力種族，後在佛教中漸有托座力士和金剛力士。此尊白玉雕力士外觀即是胡人形象，眉須頭髮盤結成卷，顴骨高起，神態剛毅。上身幾近赤裸，露出條條繃緊的肌肉，下身著褲裙，呈蹲坐式。細節清晰，雕琢人物傳神，為案几文玩小品與眾不同者。原配紅木座。

QING DYNASTY A WHITE JADE FIGURE OF MALLAS

帶座高：7.7cm　高：5.8cm

RMB: 30,000—50,000

1730

清・紅木嵌白玉雕螭龍紋擺件

說明：此件擺件為紅木嵌白玉，玉質溫潤堅韌，潔白晶瑩。作案几狀，下承四足。正面減地浮雕夔龍及花卉紋樣，紋飾佈局妥帖 .

QING DYNASTY A WHITE-JADE INLAID MAHOGANY INKSTICK HOLDER WITH 'CHI' AND FLORAL PATTERN

高：2.3cm 長：8.3cm 寬：7.2cm

RMB: 50,000—60,000

1731

明・銅鎏金長頸瓶及隨形木製靈芝擺件一組兩件

MING DYNASTY A GILT-BRONZE VASE AND A GANODERMA

瓶高：13.9cm 靈芝長：19cm

數量：2

RMB: 10,000－20,000

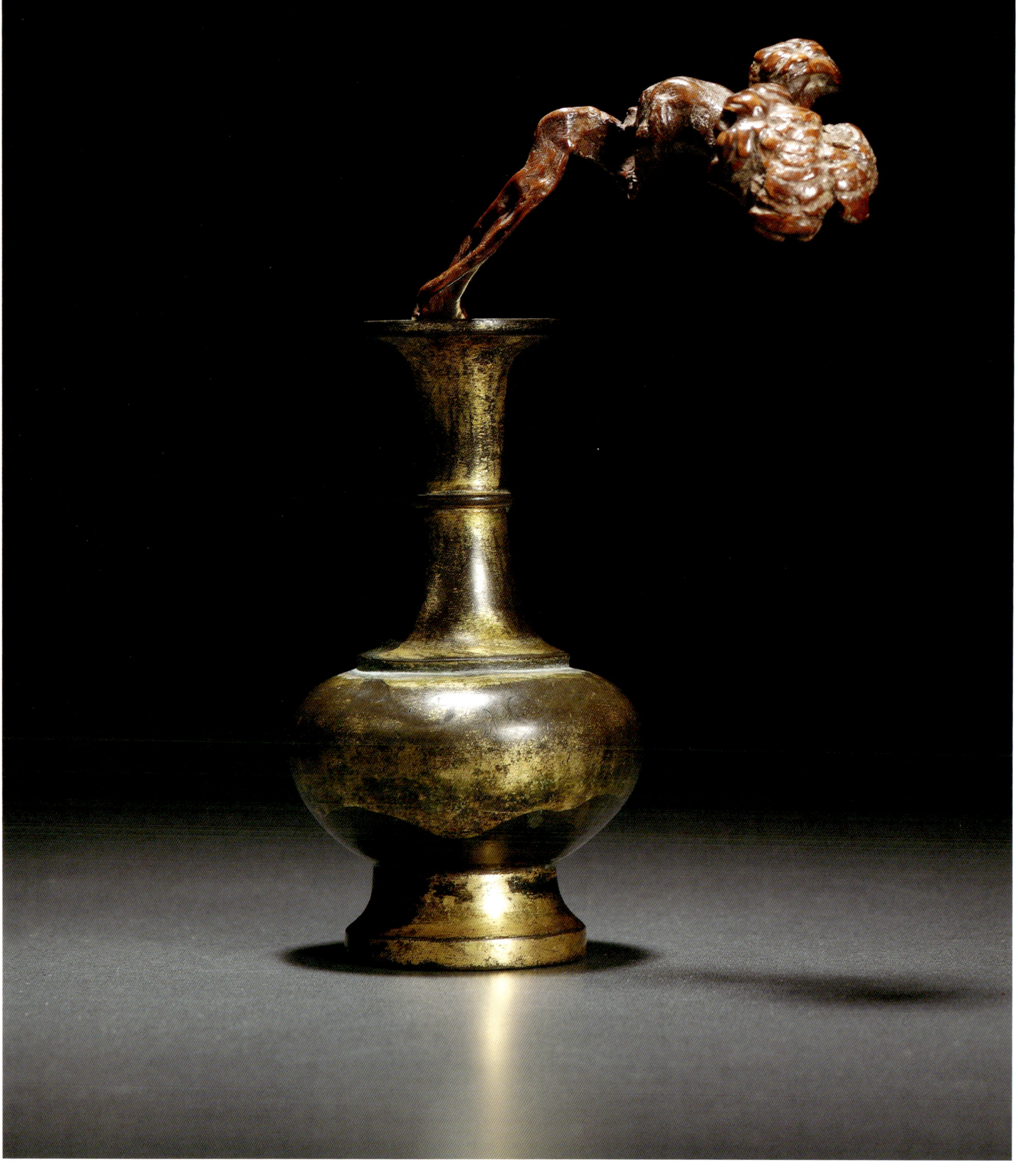

1732

清・乾隆年製款冰糖瑪瑙雕四君子水丞

款識：乾隆年製

說明：此水呈以瑪瑙極品冰糖瑪瑙為材。色彩層次感清晰，質地瑩潤，呈半透明狀，如融化後的冰糖，故有此稱。水呈四周減地，并借以俏色雕琢梅、蘭、竹、菊“四君子”圖。此水呈四邊倣倭角，內堂減地起十字紋飾，下承四如意足，刻工精細，小巧別緻，為文人用具。

QING DYNASTY AN AGATE WATERPOT WITH FIGURE PATTERN AND 'QIANLONG' MARK

帶座高：3.8cm　高：2.9cm　長：5.2cm　寬：5cm

RMB: 20,000—30,000

1733

宋・石製四方倭角洗

SONG DYNASTY A SQUARE STONE BRUSH WASHER

高：3.3cm　長：10cm　寬：9.6cm

RMB: 18,000－30,000

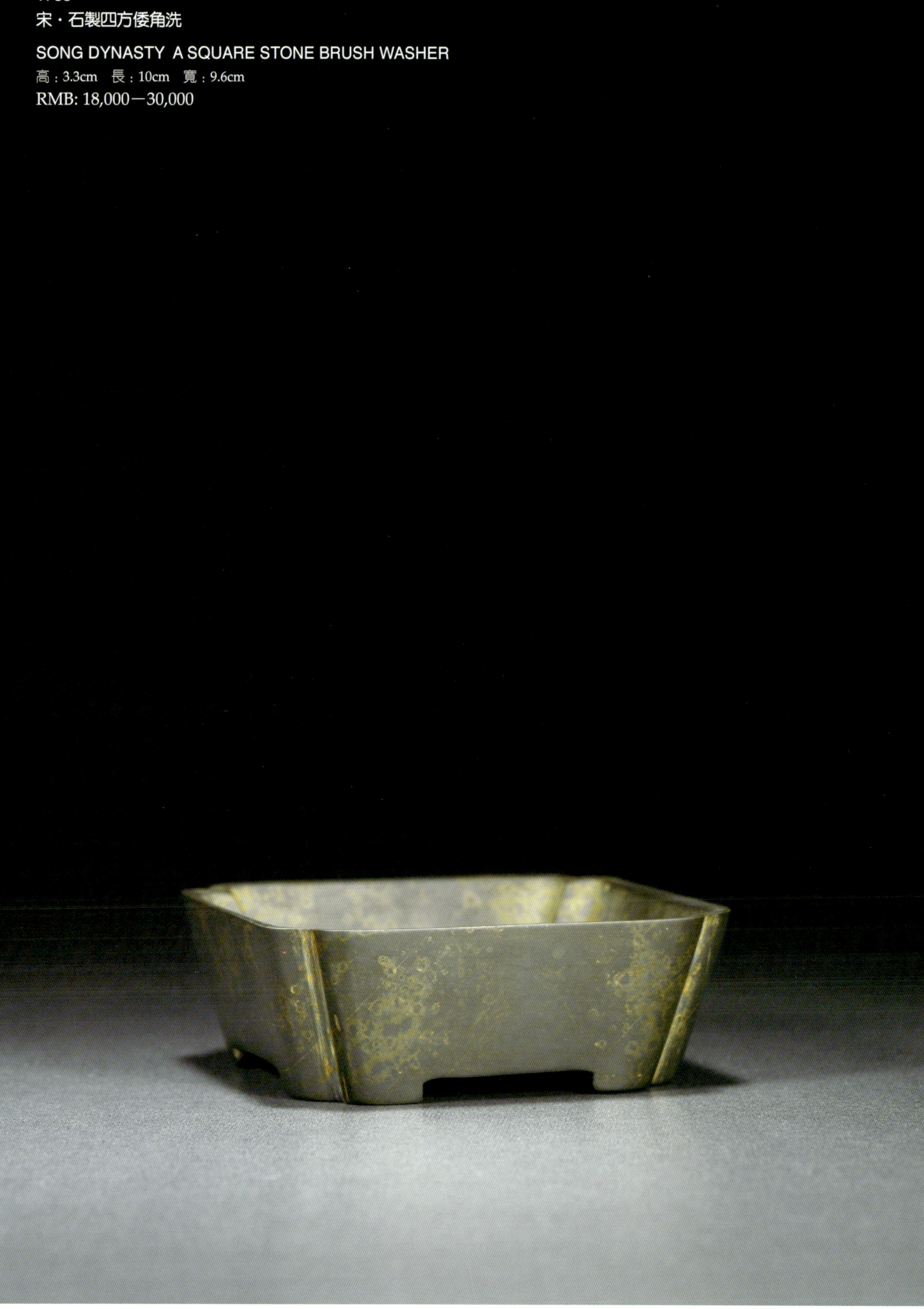

1734

清・白玉雕螭龍荷葉杯

說明：原配紅木座。

QING DYNASTY A WHITE JADE 'LOTUS' CUP WITH 'CHI' HANDLE AND A MAHOGANY STAND

高：4.1cm　長：7.1cm

RMB: 65,000－80,000

1735

清・螺鈿雕雙獅戲球把件

QING DYNASTY A MOTHER-OF-PEARL LION

高 : 2.5cm 長 : 6cm

RMB: 15,000—30,000

1736

清・金星料拐子龍紋匜杯

說明：金星料是在熔融的玻璃中灑入金箔，凝固後料內顯出斑斑點點的細密金星，色如滿天星斗。拍品仿古代青銅匜的造型設計而成，杯執形似卷尾龍，流下部鏤雕螭龍紋，外壁飾以拐子龍紋，底承三足，造型古樸，做工精緻。原配硬木座。

QING DYNASTY　A GOLDEN-SPLASHED GLASS CUP WITH DRAGON PATTERN

帶座高：8.5cm　高：5.3cm　長：12.2cm

RMB: 32,000－40,000

1737

清乾隆·藍料螭虺紋鼻煙壺

款識：乾隆年製

說明：料器以熔點較低的玻璃為原料製作，內參雜有少量在琉璃中出現的氧化鉛，最早由西域地區傳入中國。明代就有料器燒製的記載，進入清代，鼻煙壺的流行給料器藝術以良好的發展空間。此件料器鼻煙壺以透明藍料而成，其上滿工作蟠虺紋。蟠虺紋是春秋時期流行的青銅器紋飾。螭是龍的一種，虺是一種小蛇，作捲曲盤繞的形象，簡化後以四方連續構成裝飾主體。壺身小巧，晶瑩剔透，有如寶石。工藝精細，下有“乾隆年製”刻款，當為當時官造追摹古風之物。

QIANLONG PERIOD, QING DYNASTY A BLUE GLASS SNUFF BOTTLE WITH DRAGON AND SNAKE PATTERN

帶蓋高：4.7cm

RMB: 80,000—120,000

1738

清・白玉鼻煙壺

說明：此件鼻煙壺玉質白潤細膩，簡潔雅緻。平口，邊弧凸起，高束頸，溜肩，圈足。蓋塞鏤雕螭龍紋，紋飾精美，素雅中蘊含著高貴之氣。

QING DYNASTY　A WHITE JADE SNUFF BOTTLE

高：8.3cm

RMB: 160,000－200,000

1739

清・料胎高浮雕山石花鳥紋鼻煙壺

QING DYNASTY A GLASS SNUFF BOTTLE WITH ROCK, FLORAL AND BIRD PATTERNS IN HIGH RELIEF

高：9cm

RMB: 10,000—20,000

1740

清・周樂元製清供圖鼻煙壺一組兩件

銘文：1 時在壬戌秋九月望後一日，周樂元作。
　　　2 周樂元漫筆。印（朱）。

說明：周樂元所繪鼻煙壺，小者一側意繪山水小品，另一側則有奇石菖蒲之清供；大者雙鳥嬉戲，竹生石間。筆意暢達，畫工老練，頗具閑趣。內畫鼻煙壺工藝是在清末嘉慶、道光年間創製的。工匠們採用鐵砂、金剛砂在煙壺內打磨，使壺內壁呈乳白色磨砂狀，便於作畫。

QING DYNASTY TWO SNUFF BOTTLES WITH LANDSCAPE AND ROCK PATTERNS AND 'ZHOU LEYUAN' MARK

1 高：8.5cm

2 高：7.3cm

數量：2

RMB: 18,000—30,000

作者簡介：周樂元，生卒年不詳，活躍於光緒年間。周樂元的內畫作品題材很廣泛，山水人物，花鳥魚蟲，無不精美，尤其擅長山水畫。設色以墨色為主，以淡彩作渲染，景物格調高雅。畫中多有題跋，書法亦佳。與馬少宣、葉仲三、烏長安齊名。

1741

清·水晶雕壽字紋瑞獸鈕瓶

說明：此花瓶水晶為材，色澈如泉，且無綿霧。瓶內掏膛勻淨，晶瑩剔透，瓶身浮雕蕉葉瑞獸紋，上配螭龍鈕。整器形制飽滿，雕工明快，小巧可愛。配日本舊盒及座。

QING DYNASTY　A CRYSTAL VASE WITH 'SHOU' CHARACTER

帶座高：7.8cm　高：7.4cm

RMB: 30,000－50,000

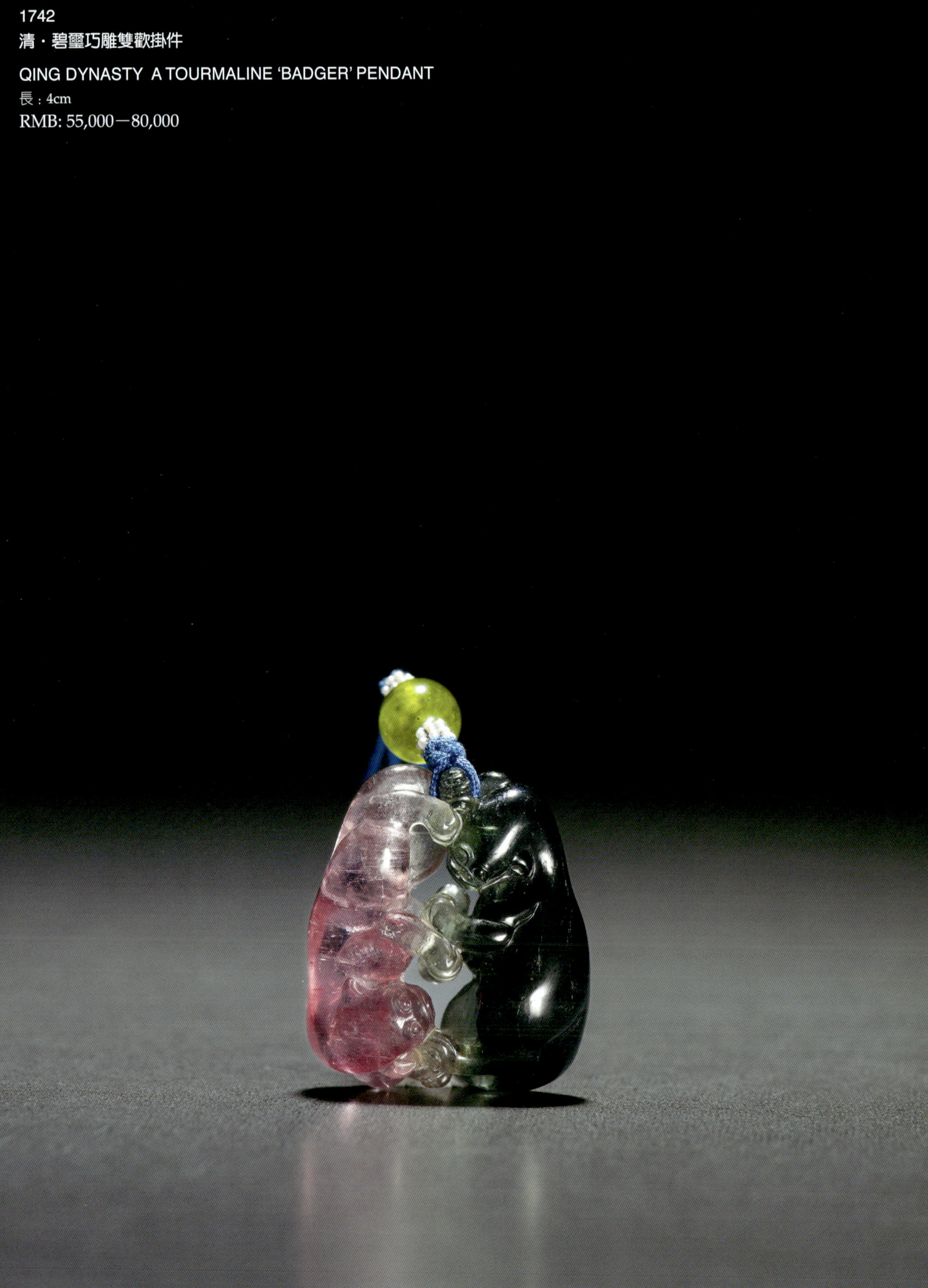

1742

清·碧璽巧雕雙歡掛件

QING DYNASTY A TOURMALINE 'BADGER' PENDANT

長：4cm

RMB: 55,000－80,000

1743

清・陳豫鐘款壽山石山子擺件

銘文：棲素雲根，餌芝清壑。甲子八月，秋堂。

說明：擺件壽山石為材，石質緻密瑩澤。隨形而作，稍加修飾，盡顯渾然天成之趣。原配紅木底座。

QING DYNASTY A SHOUSHAN STONE CARVING GROUP WITH 'CHEN YUZHONG' MARK

帶座高：19cm 高：14.7cm

RMB: 80,000－120,000

款者簡介：陳豫鐘 (1762～1806)，字浚儀，號秋堂，錢塘（今浙江杭州）人，清代學者、書畫篆刻家。出身金石世家，乾隆時廩生。深於小學，工書篆籀，摹印尤精，與黃易、陳鴻壽、奚岡齊名，為浙派篆刻“西泠八家”之一。

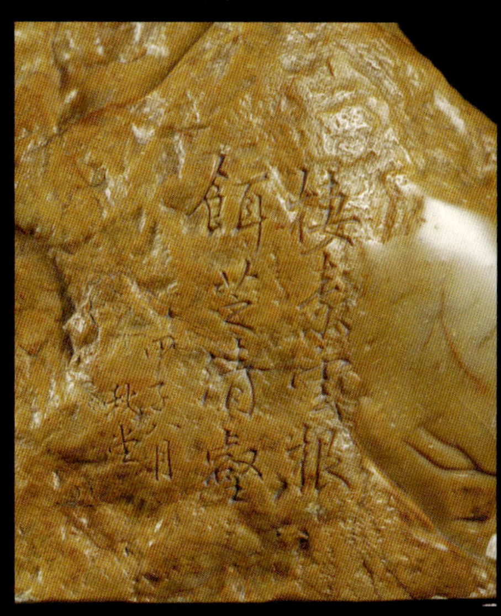

1744

清・竹雕梅花紋筆舔及佛手把件一組兩件

說明：筆舔竹雕梅花紋，構思巧妙。花葉造型寫實，顧盼有致，頗具氣韻。佛手精工細作，包漿溫潤，質樸可人，當為文人心儀珍玩之物。

QING DYNASTY　A BAMBOO SCHOLARLY OBJECT WITH PRUNUS PATTERN AND A BAMBOO FINGERED CITRON

筆舔長：9cm　佛手長：6.3cm

數量：2

RMB: 30,000－50,000

1745

明・竹雕松樹松鼠紋蓋盒

盒底銘文：大明嘉靖十年刻製。小松（朱）。三松（朱）。

說明：此件竹雕蓋盒以嘉定派風格，高浮雕通體雕刻，松針若冠，或是浮雕挺立，或是隱地淺刻，多有層次，三只松鼠隱于松葉之間，探出腦袋，靈動可愛，圖案上下盒貫連。子母口，竹盒內由朱漆圖繪。

MING DYNASTY A BAMBOO CASE AND COVER WITH PINE TREE AND SQUIRREL PATTERNS

高：5.7cm 長：12.6cm 寬：11cm

RMB: 30,000－50,000

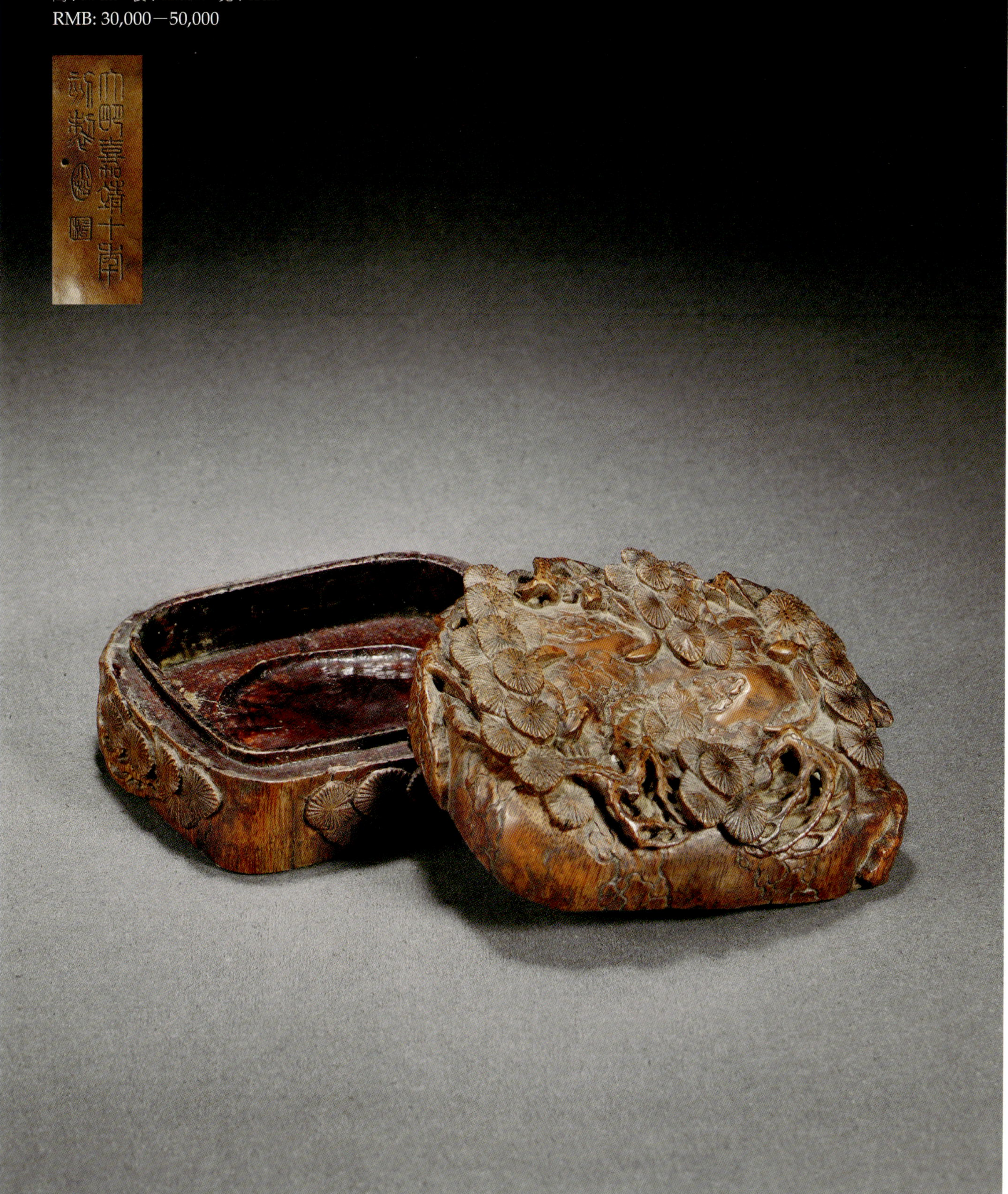

1746

清・竹雕松樹紋水盂

說明：水盂由竹根挖膛而成，主體借竹根的天然形狀圓雕松樹，刀法蒼勁，
雕刻精細，為竹根小件中難得的佳品。

QING DYNASTY　A BAMBOO WATERPOT WITH PINE TREE PATTERN

高：6.2cm　長：10.6cm

RMB: 20,000－30,000

1747

清・梁同書款竹雕詩文水盂

銘文：不論山巔與水涯，春來何處不榮華。乙未冬初山舟。

銘者簡介：梁同書（1723～1815），字元穎，號山舟，晚號不翁、頻羅庵主，九十歲後號新吾長翁，浙江杭州人。詩正子。乾隆十七年特賜進士，官侍講。嘉慶十二年重宴鹿鳴，加學士銜。工書，法顏、柳、米法，七十後愈臻變化，自立一家，負盛名六十年。與翁方綱、劉墉、王文治並稱"翁劉梁王"四大家。亦作畫，善人物、雜卉。

QING DYNASTY A BAMBOO WATERPOT WITH INSCRIPTION AND 'LIANG TONGSHU' MARK

高：7cm 口徑：6.5cm

RMB: 20,000—30,000

1748

清晚期·王夢白製梅花竹臂擱

款識：夢白

說明：夢白所刻梅花，寫意靈動，其枝傲然向上，一蹴而就，陰刻梅花，雖寥寥數筆，卻現生機，湊刀似揮毫，突出夢白之筆意，與清代早期梅花題材竹器不分伯仲。

LATE QING DYNASTY A WRISTREST WITH PRUNUS AND BAMBOO PATTERN, MADE BY WANG MENTBAI

長：25cm

RMB: 10,000—20,000

作者簡介：王夢白，名雲，字夢白。江西豐城人。幼在上海錢莊當學徒，後棄商學畫，從黃山壽、吳昌碩游。曾任北京美專教職。其畫花鳥、草蟲、動物，大都筆勢飛揚，生動可掬。畫猿猴尤逼肖如真。偶作仕女人物，亦生動有致。弟子以王雪濤最著名。

1749

清・鄧渭款竹製詩文臂擱

銘文：書法以用筆為上，而結字亦須用工。蓋結字因時相傳，用筆千古不易。右軍字勢，古法一變，其雄秀之氣出於天然，故古人人今以為師法。齊、梁間人結字非不古，而乏俊氣，此又存乎其人，然古法終不可失也。雲樵。

QING DYNASTY　A BAMBOO WRISTREST WITH INSCRIPTION AND 'DENG WEI' MARK

長：25.7cm　寬：7.5cm

RMB: 30,000－50,000

銘者簡介：鄧渭 (1736 ～ 1795)，字得璜，號雲樵山人。竹刻家鄧孚嘉之子，自幼師承家學，擅長刻竹和治印。竹刻工薄地陽文，又善刻行楷，字跡秀麗，為乾隆朝嘉定竹器刻字第一高手。所鐫筆筒拓本為《清儀閣所藏古器物文》中收入，今傳世作品有《鄧渭款白菜筆筒》。

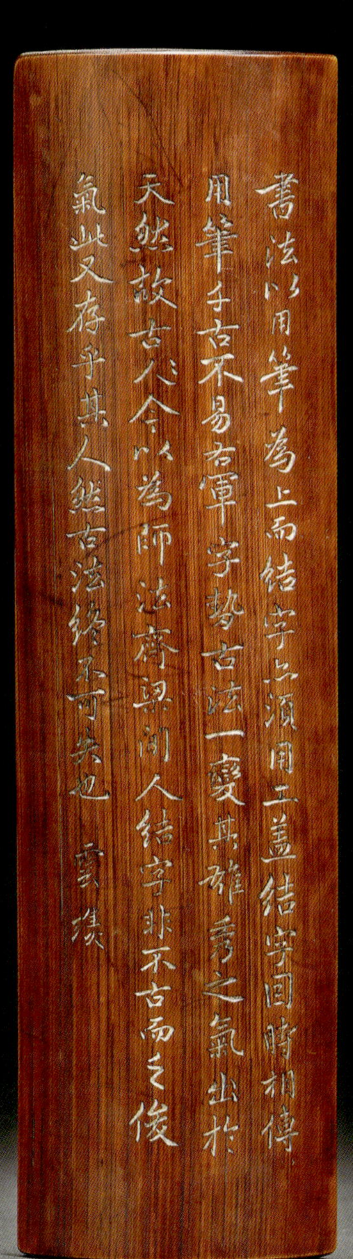

1750

清・竹雕漁樵耕讀人物故事插屏

說明：插屏面芯由兩片竹子相背貼合而成，兩面分別刻漁樵耕讀紋，底座為紫檀材質。

QING DYNASTY　A BAMBOO TABLE SCREEN WITH FIGURE PATTERN

高：13.3cm　長：8.9cm　寬：6.3cm

RMB: 10,000—20,000

1751

清・松山款竹雕留青滾馬圖筆筒

銘文：滾馬圖。丙子立春，松山。周（朱）。

說明：筆筒竹製，外壁留青薄意淺刻滾馬圖，松竹蒼翠，馬翻滾仰臥，奮鬣昂首，前足左曲，後足蹈空。旁立一騎士，意態從容。一動一靜，形象生動，刀法工整流利，在流傳至今的清代竹刻工藝中亦不失為優秀之作。

QING DYNASTY　A BAMBOO BRUSHPOT WITH HORSE PATTERN AND 'SONG SHAN' MARK

高：13.5cm　口徑：6.4cm

RMB: 15,000－20,000

1752

明・竹雕太白醉酒圖筆筒

說明：外壁采以陷地浮雕技法、輔以陰刻為之。畫面中心李白頭戴學士巾，身著寬袖袍，腳踏鞋履，腰繫寬頻。在童子攙扶下，身軀癱倒，朦朧虛醉的眼神中含著高傲之氣。一旁配以樹石，簡而概括。其皮殼、雕刻風格、刀工、畫面佈局等，都與明代相吻合。

MING DYNASTY　A BAMBOO BRUSHPOT WITH FIGURE PATTERN

高：15.4cm　口徑：10.7cm

RMB: 50,000－80,000

1753

清早期・竹雕漁樂圖筆筒

說明：遠處松柏，煙霧嫋嫋升起，近處江南水鄉漁民的生活之樂。表現出他們淳樸的性情以及于生計中尋找樂趣的生活態度，刻畫入微，生動明快。畫畫彌散著豐富的生活情趣，表達了人們安居樂業以及對美好生活的追求和嚮往。

清早期竹筆筒，層次交代相當清楚，刻紋較深。誠如此筆筒利用多種技法將山石、蒼松、花草和人物的衣紋及神態舉止刻畫得恰到好處，刀法中見筆墨，樹石皴法頗富畫意。

EARLY QING DYNASTY　A BAMBOO BRUSHPOT WITH FISHERMAN PATTERN

高：15.4cm　口徑：11.6cm

RMB: 60,000－80,000

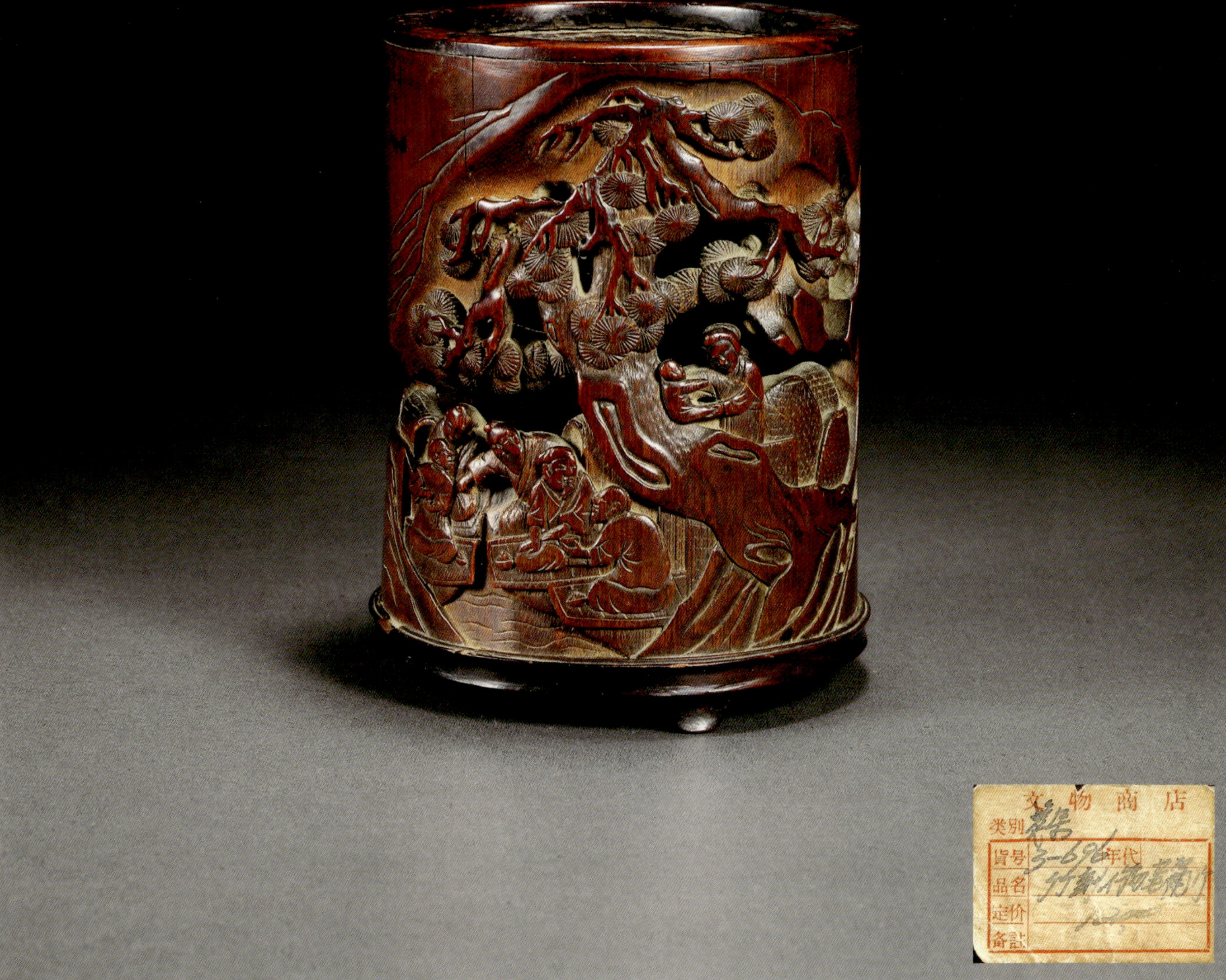

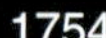

1754

清・竹雕牧童騎牛圖筆筒

QING DYNASTY A BAMBOO BRUSHPOT WITH BOY AND BUFFALO PATTERN

高：14.7cm 口徑：11.2cm

RMB: 30,000－50,000

1755

清早期・王之羽款竹雕竹林七賢圖筆筒

款識：王之羽

說明：竹林七賢為魏末晉初七個極富才情的浪漫文學家。他們在生活上不拘禮法，清靜無為，常聚眾於竹林喝酒，縱歌。魏晉之世，君臣父子之間爭權奪利，道德淪亡。身處其中的竹林七賢不肯淪為司馬朝廷的工具，又不忍見權謀污染下之澆薄世風，於是用清談、作怪及酒遁來撥正人心，刺激當道，為無聲之抗議。

該件筆筒通體採用高浮雕及鏤雕技法，雕竹林七賢雅聚於溪邊竹林，或撫琴聽樂，或飲酒觀溪。刀法老辣利落，人物刻畫生動傳神。

EARLY QING DYNASTY　A BAMBOO BRUSHPOT WITH FIGURE PATTERN AND 'WANG ZHIYU' MARK

高：15cm　口徑：12cm

RMB: 60,000－80,000

款者簡介：王之羽（清），字謂韶，自署逸民，嘉定人。善刻竹。《竹人錄》記載："少為徐氏館甥。徐居槎里，與吳魯珍僅隔一牆。日從之游，盡得其運腕之法，名冠一時"。

1756

清中期·杜自元款竹雕丁山射雁筆筒

款識：杜自元刻。元。

說明：竹衣泛琥珀色澤，葆光瑩潤。外壁以去地淺浮雕手法刻丁山射雁圖，薄薄竹肌上至少表現三個層次，立體形象。薛丁山側身張弓，瞄準空中飛雁，箭在弦上，一觸即發。大雁奮力展翅，驚恐不已。松蔭下一肥膘駿馬，低頭踱步。整個畫面構圖疏朗，然氣氛緊張異常，懸念頓生，扣人心弦。雕刻技法嫻熟，運刀如筆，鋒刃善變，狀物寫神應付自如，駿馬的彪壯、樹枝的迭壓、人物的神武無不躍然刀下。其細節精細嚴謹，松針、馬鬃、馬具、人物配飾無不逼真。

MID-QING DYNASTY A BAMBOO BRUSHPOT WITH FIGURE PATTERN AND 'DU ZIYUAN' MARK

高：14.9cm 口徑：12cm

RMB: 20,000－30,000

1757

清·竹雕攜琴訪友圖筆筒

QING DYNASTY A BAMBOO BRUSHPOT WITH FIGURE PATTERN

高：12cm　直徑：7cm

RMB: 45,000－60,000

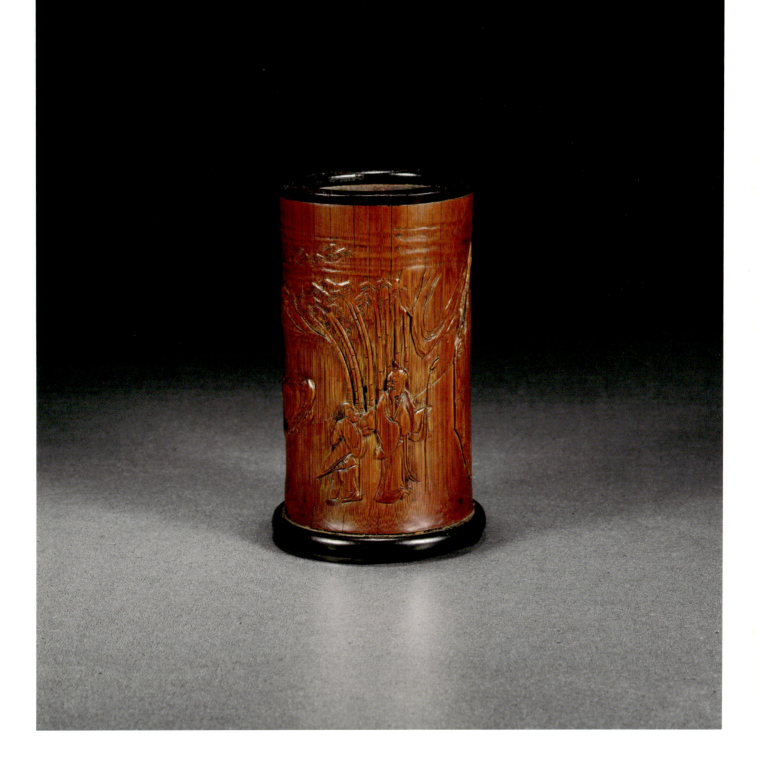

1758

清中期·黃楊木雕寒冬尋梅圖筆筒

說明：黃楊木成材不易，此筆筒依木型順勢雕歲寒三友中的松梅圖，意境深遠，為避免畫面的呆板又安排了正在歸途中的采梅人，及遠處的村落，無疑給整個畫面增添了無窮的意趣。筆筒中癭瘤、蛀洞自然，溝槽瘦皺，突顯老梅蒼勁嶙峋之態；以浮雕及透雕技法表現梅枝斜倚，搖曳多姿，花蕊突出，似有暗香浮動。筆筒紋飾層次豐富，佈局精妙，刀法純熟。而且梅寒而秀，松逾霜雪而高潔，松梅向來是文人傾心和自勉的主要題材。

MID-QING DYNASTY　A BOXWOOD BRUSHPOT WITH PINE TREE AND PRUNUS PATTERNS

高：12.6cm　口徑：7.1cm

RMB: 20,000－30,000

1759

清早期・黃楊木雕弦紋筆筒

EARLY QING DYNASTY A BOXWOOD BRUSHPOT

高：9.4cm 直徑：4.8cm

RMB: 18,000—30,000

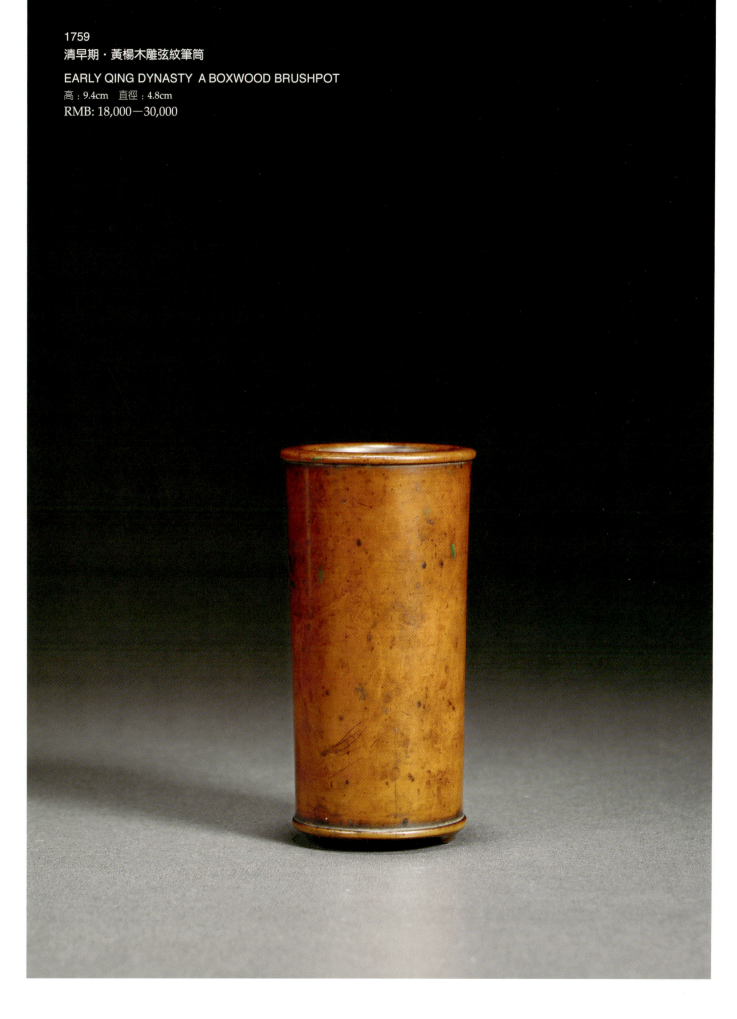

1760

清・黃花梨雕樹瘤形蓋盒

QING DYNASTY A HUANGHUALI CASE AND COVER

高：3.8cm 長：5cm 寬：4.5cm

RMB: 20,000－30,000

1761

清早期・黃花梨雕螭龍紋文具盒

EARLY QING DYNASTY A HUANGHUALI STATIONERY CASE WITH 'CHI' PATTERN

高：6.5cm 長：16cm 寬：15.8cm

RMB: 25,000—35,000

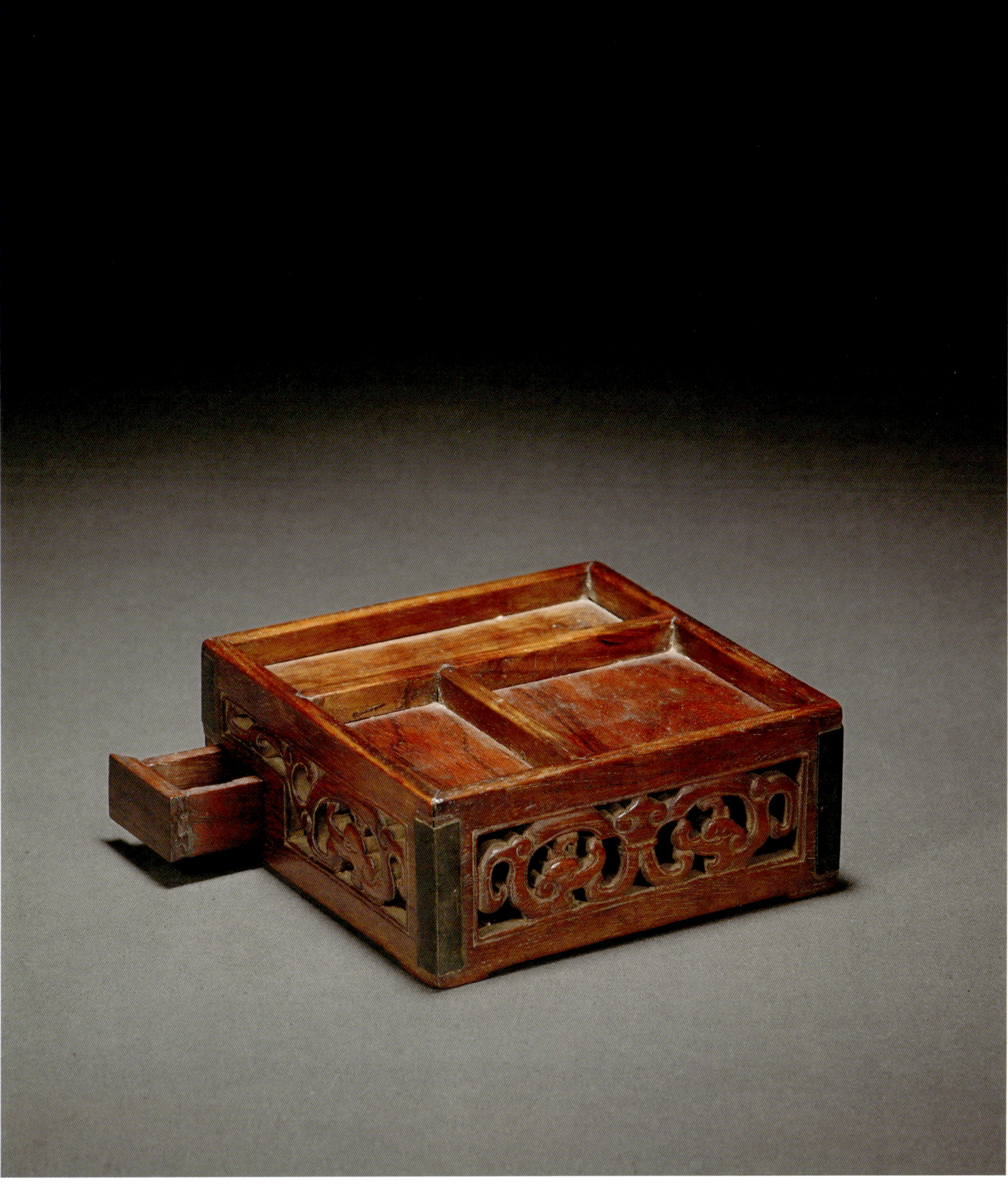

1762

清・紅木嵌癭木圓角櫃

QING DYNASTY A BURL-INLAID MAHOGANY CABINET

高：67.5cm 長：42.5cm 寬：20cm

RMB: 20,000－30,000

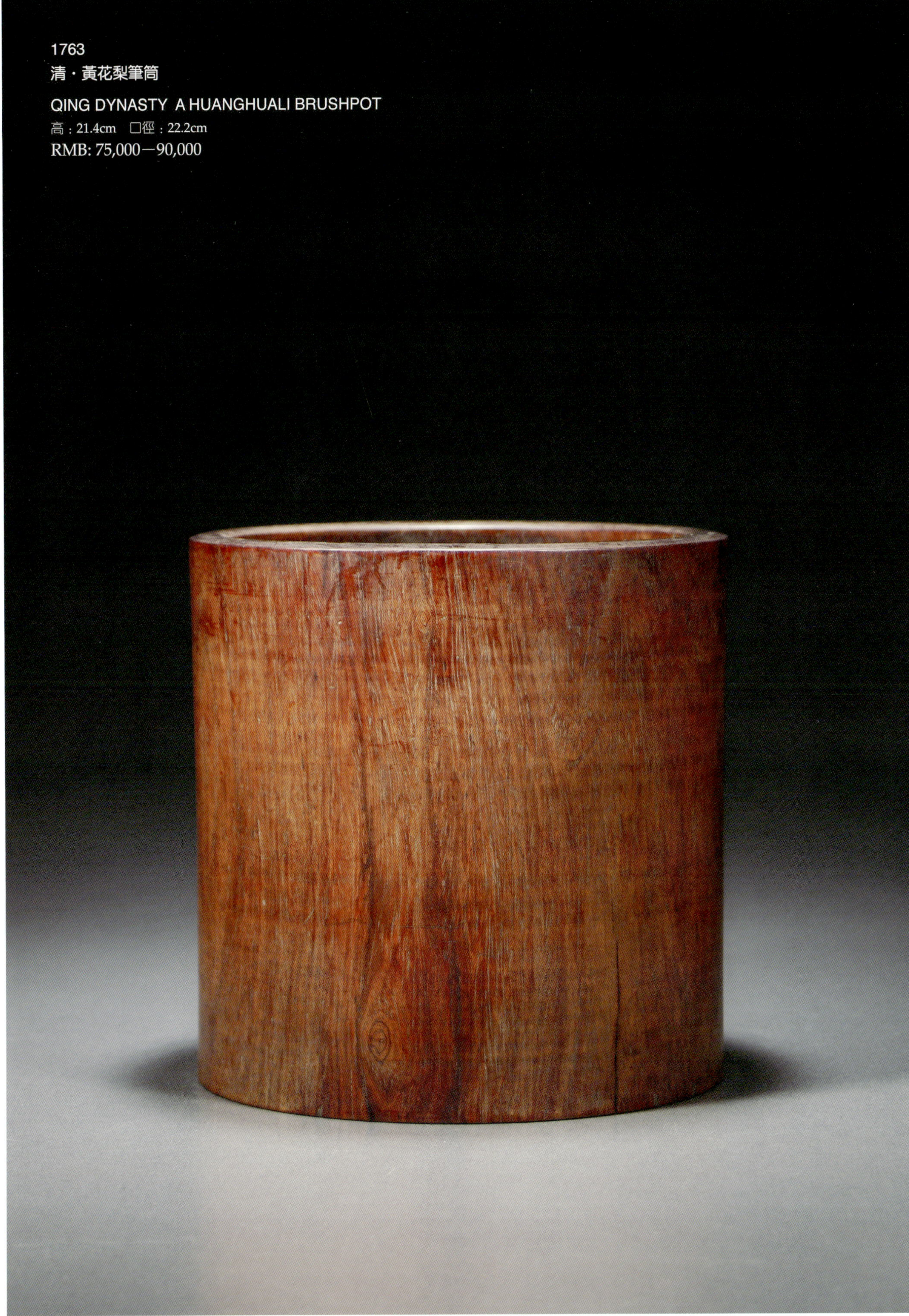

1763

清・黃花梨筆筒

QING DYNASTY A HUANGHUALI BRUSHPOT

高：21.4cm 口徑：22.2cm

RMB: 75,000—90,000

1764

清・銅鎏金甪端香薰一對

說明：此組甪端香熏，通體鎏金。體型健碩，雙目圓瞪，氣勢威嚴。其獨角上翹，發須繞於頭頂。首為爐頂，腹部中空，香氣至口而出。《宋書·符瑞志下》記載："甪端日行萬八千里，又曉四夷之語，聖主在位，明達方外幽遠，則奉書而至。"

QING DYNASTY A PAIR OF GILT-BRONZE 'BEAST' INCENSE BURNERS

高：28cm　數量：2

RMB: 250,000－300,000

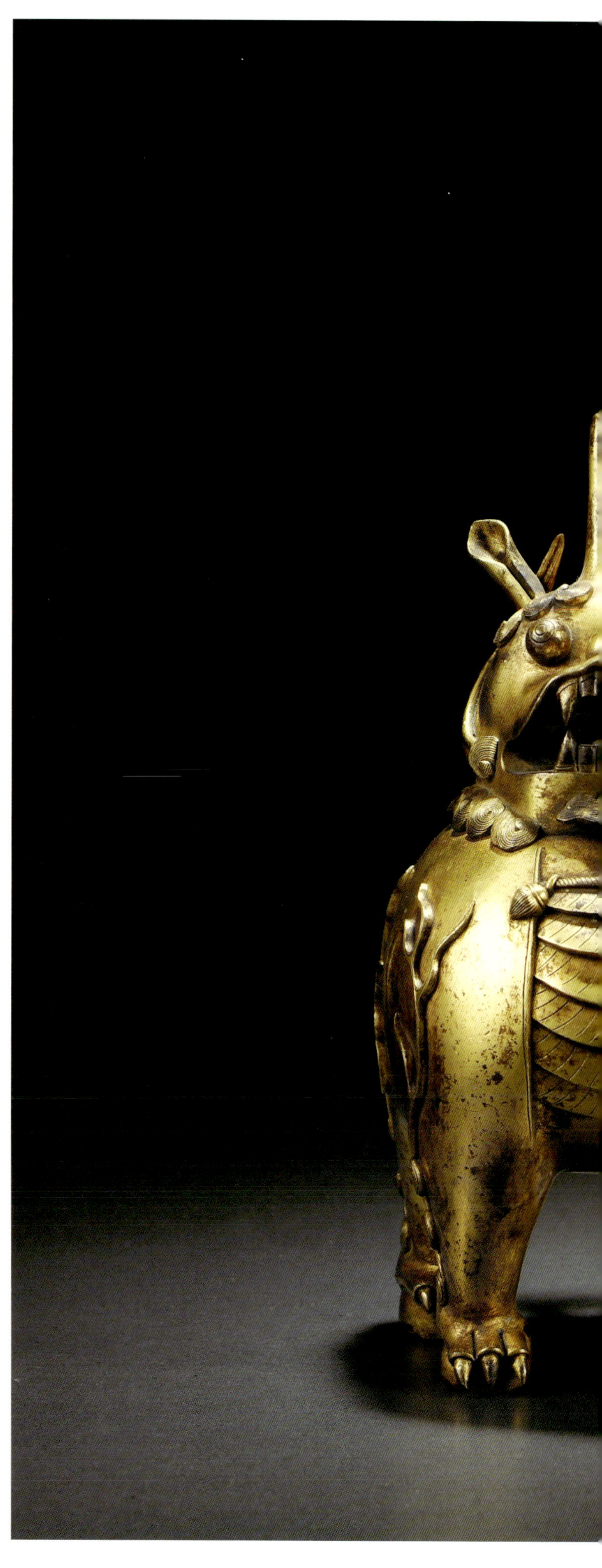

1765

清・銅獅子戲球香薰

說明：此拍品原配紅木底座。

QING DYNASTY A BRONZE 'LION' INCENSE BURNER

帶座高：16.9cm　高：13.7cm

RMB: 20,000—30,000

1766

明・銅製甪端香薰

MING DYNASTY A BRONZE 'BEAST' INCENSE BURNER

高：27.2cm

RMB: 65,000—80,000

1767

清・沉香塗金十八子持珠

QING DYNASTY A STRING OF EIGHTEEN GOLDEN-PAINTED EAGLEWOOD BEADS

數量：18 總重：38.9g

RMB: 無底價

1768

清・白玉手鐲

QING DYNASTY A WHITE JADE BANGLE

內徑：6.8cm 外徑：8cm

RMB: 無底價

1769

清・蜜蠟朝珠

說明：清代在製定服飾典章時借鑒歷代朝服佩玉禮制，將佛教的念珠定為穿著禮服時的佩戴飾物，稱之為朝珠。凡文官五品、武官四品以上者得以佩戴，又婦女受封在五品以上者同。朝珠成為清代特有的冠服配飾之一，其質料考究，配戴亦有規定。皇帝朝珠，惟祀天以青金石為飾，祀地珠用蜜珀，朝日用珊瑚，夕月用綠松石，雜飾惟宜。絛皆明黃色。

此掛朝珠蜜蠟質地，珠圓潑潤，色澤沉雅，配置完整，帶翡翠隔珠，墜角等掛飾，宮廷氣息濃厚。

QING DYNASTY　A STRING OF OFFICIAL AMBER BEADS

珠徑：1.7cm　重：405g　數量：108

RMB: 140,000—160,000

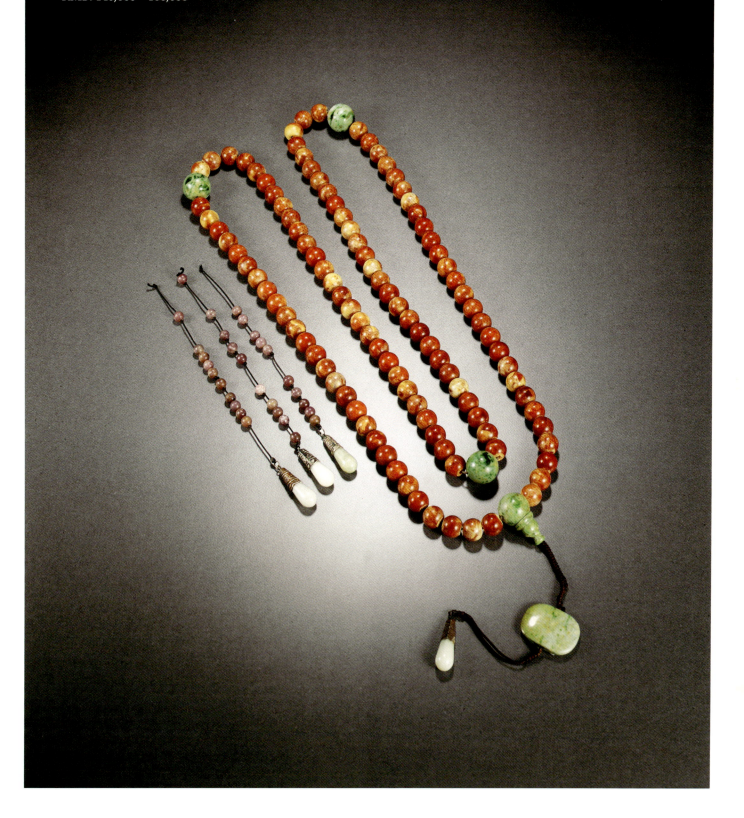

1770

清 · 白玉雕蒼龍教子帶鉤

說明：帶鉤以白玉琢之，呈長條形，底部飾圓鈕。龍母騰身回首，幼龍匍匐迤邐。龍帶鉤是明清玉器重要的組成部份，此器玉質純白無暇，玉色純淨，光澤柔潤，狀如凝脂，形制碩大，實屬上品。

QING DYNASTY A WHITE JADE BUCKLE WITH DRAGON PATTERN

長：13.5cm

RMB: 30,000—50,000

1771

清中期・白玉雕葫蘆墜

MID-QING DYNASTY A WHITE JADE 'GOURD' PENDANT

長：5.8cm

RMB: 60,000—80,000

1772

明 · 白玉雕靈芝童子牌

MING DYNASTY A JADE PLAQUE WITH FIGURE PATTERN

高：6.7cm 寬：4.3cm

RMB: 10,000—20,000

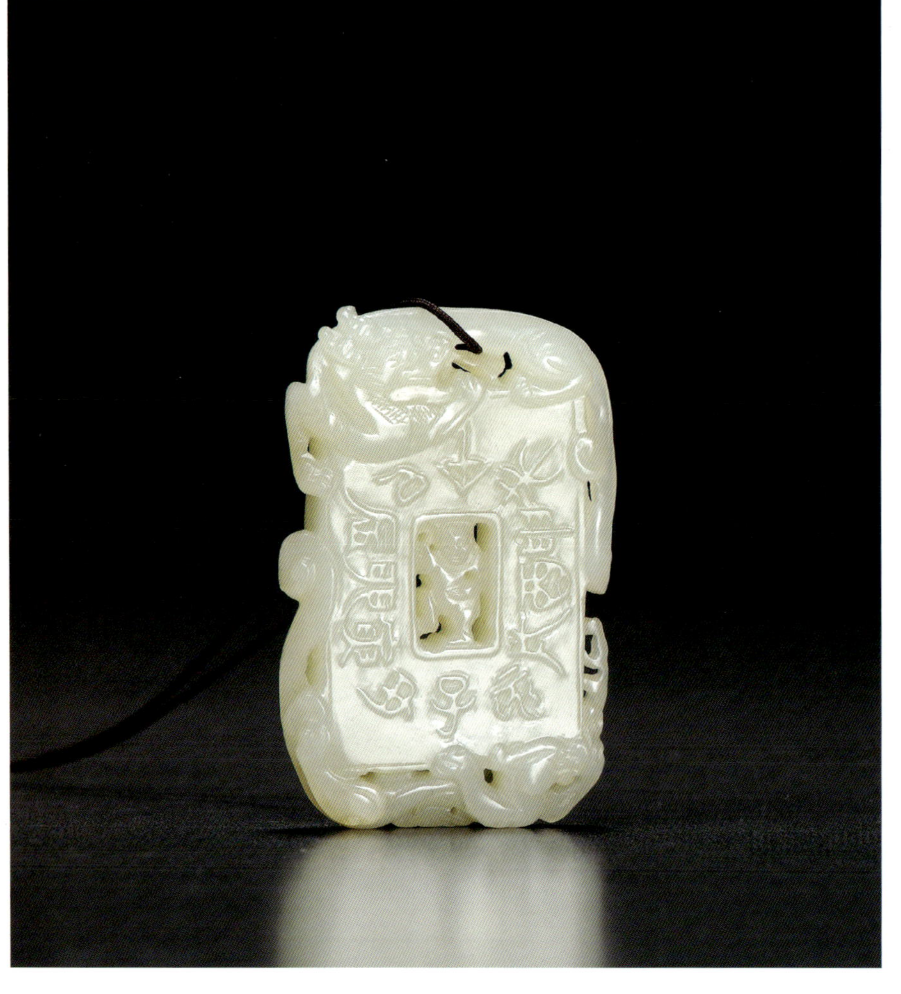

1773

清 · 白玉雕地支如意童子佩

QING DYNASTY A WHITE JADE 'BOY' PENDANT

長：5.7cm

RMB: 28,000—35,000

1774

清乾隆·白玉雕無雙牌

銘文：乾隆

說明：此牌選白玉兩面雕刻，減地陽紋技法為之。牌首有雙龍相對，龍身變形成幾何紋，下放有雲雷紋璧。璧中心開孔處，刻"乾隆"二字。牌身中部開光，一面繪冼夫人手持長槍，氣宇軒昂之態，巾幗不讓鬚眉的氣魄躍然而出。另一面刻畫項羽，威武神功，蓋世英雄的氣派。《無雙譜》又名《南陵無雙譜》，刊刻於清康熙三十三年(1694)，繪者從漢代至宋1400多年間，挑選了40位廣為稱道的名人，如項羽、蘇武、李白、司馬遷等，繪成繡像並題詩文。由於這些人物事跡舉世無雙，故此圖冊稱為《無雙譜》。

QIANLONG PERIOD, QING DYNASTY A WHITE JADE PLAQUE WITH DRAGON AND CLOUD PATTERN AND 'QIANLONG' MARK

高：0.5cm 長：6cm 寬：3.9cm

RMB: 55,000—70,000

1775

明末清初・白玉雕人物佩

說明：佩首以雲頭紋為飾，琢小孔留穿戴用。佩一面淺浮雕人物持戟，身著長衫，風姿綽約；一面淺雕葫蘆，寓意福祿。此佩寄託以武為工，可得福祿的期盼，長佩身邊，可賞可玩。

LATE MING DYNASTY-EARLY QING DYNASTY A WHITE JADE 'FIGURE' PENDANT

高：7.5cm 寬：5.4cm

RMB: 120,000－150,000

明末清初·白玉雕人物佩

子岡款白玉雕松下老者詩文牌

1776

清乾隆・子岡款白玉雕松下老者詩文牌

銘文：桂樹團圞倚小山，反盆別置倍幽閒。天香靜挹忘塵味，一幅黃庭味可刪。子岡。

說明：此牌兩個人物舉止細緻傳神，畫面主題紋飾的雕琢細膩，案頭清供皆雕琢細緻，用刀利落。子岡，姓陸，江南吳門人，是明嘉靖、萬曆年間活躍於蘇州的著名玉雕藝術家，也是中國玉雕史上最負盛名的藝術大師。

QIANLONG PERIOD, QING DYNASTY A WHITE JADE PLAQUE WITH FIGURE PATTERN AND 'ZI GANG' MARK

長：6.2cm 寬：4.2cm

RMB: 280,000－350,000

1777

清·白玉雕玉堂富貴佩及三多九如佩一組兩件

QING DYNASTY TWO WHITE JADE PENDANTS

尺寸不一　數量 :2

RMB: 20,000－30,000

1778

清・白玉雕龍紋佩

QING DYNASTY A WHITE JADE 'DRAGON' PENDANT

長：4.6cm　寬：3.5cm

RMB: 55,000－65,000

1779

清乾隆・白玉雕龍紋佩

QIANLONG PERIOD, QING DYNASTY A WHITE JADE 'DRAGON' PENDANT

長：7.9cm

RMB: 25,000—35,000

1780

清乾隆・白玉雕琴棋書畫佩

說明：君子比德於玉，君子佩玉是古代的一種時尚。佩以白玉製成，呈薄片狀，其上淺刻紋飾作古琴形，形制優美，雕刻精細，且琴常伴君子左右，故以琴形爲佩，蘊意深遠。

QIANLONG PERIOD, QING DYNASTY A WHITE JADE 'QIN' PENDANT

高：6.4cm 寬：4.4cm

RMB: 180,000－250,000

1781

清·白玉雕龍鳳呈祥瓶

說明：玉瓶白玉質地，玉質純正瑩潤，器物鏤空組合而成，由一四方扁瓶及龍鳳紋構成連體器。扁瓶子母蓋，腹部出戟，上段飾鳳鳥，下段爲獸面，爲商周青銅器型及紋飾的演變，且與旁雕螭龍及鳳鳥寓意龍鳳呈祥相配合，祥雲紋環繞穿插組合過渡，設計極爲精巧絕妙。受乾隆一朝帝王喜愛影響，整器雕刻精細，工藝繁瑣，紋飾精湛密布，宮廷氣息濃郁。

QING DYNASTY A WHITE JADE VASE WITH DRAGON AND PHOENIX PATTERNS

帶座高：13.7cm　高：10.1cm

RMB: 170,000—200,000

明·青白玉雕麒麟馱書擺件

1782

明・青白玉雕麒麟馱書擺件

說明：麒麟負書出自“河出圖，洛出書”的典故，此擺件選用上等白玉圓雕麒麟負書，麒麟回首跪臥，集龍頭、鹿角、獅眼、虎背、熊腰、馬蹄、牛尾於一身，爲吉祥之意。身體塑造飽滿健碩，背負一部書，周身環繞雲紋，凸顯麒麟這種上古神獸的祥瑞地位。此器包漿油潤，雕刻精細傳神極富表現力。

MING DYNASTY A PALE-CELADON JADE 'KYLIN' ORNAMENT

高：7.1cm　長：13.2cm

RMB: 80,000－120,000

1783

白玉雕人物山子擺件

A WHITE JADE CARVING GROUP

帶座高：14.3cm　高：11.7cm

RMB: 30,000－50,000

1784

清・翡翠雕福在眼前山子擺件

說明：以翡翠加以圓雕，造型飽滿，層次分明。器身琢壽桃裝飾，外飾蝙蝠，構圖疏朗明快。
“蝠”與“福”諧音，桃象徵長壽，錢眼諧音“眼前”，三者合有福壽在眼前之意。

QING DYNASTY　A JADEITE CARVING GROUP

帶座高：20.5cm

RMB: 40,000－60,000

1785

清·翡翠翎管

QING DYNASTY A JADEITE TOP

長：8cm

RMB: 10,000—20,000

1786

漢·玉雕勾雲紋璧

HAN DYNASTY A JADE DISC WITH CLOUD PATTERN

直徑：4.2cm

RMB: 8,000—10,000

1787

西周·玉雲紋劍飾

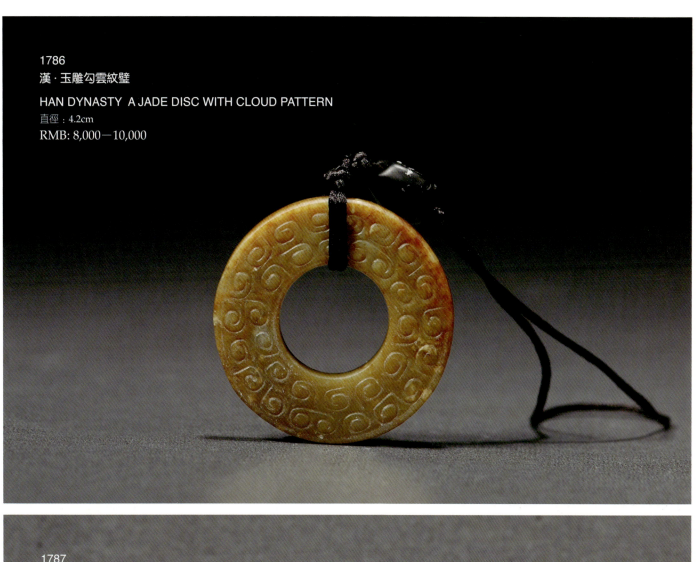

WESTERN ZHOU DYNASTY A JADE SWORD ORNAMENT WITH CLOUD PATTERN

高：1.6cm 長：4.7cm 寬：3cm

RMB: 30,000—50,000

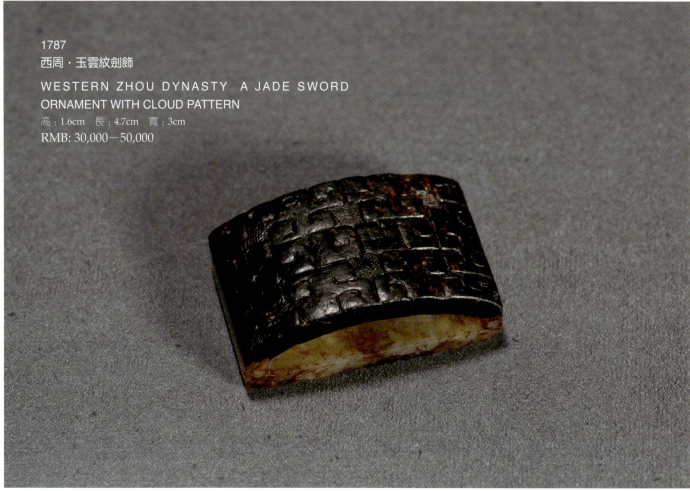

1788

翡翠雕白菜擺件

說明：附該拍品檢測證書。

A JADEITE CABBAGE

長：11cm

RMB: 110,000—150,000

鉴定结果：翡翠
Result of identification

证书编号：201611272745172
Certificate No.

证书日期：2016.12.30
Date

样品编号：Sample	----
形状：Shape	摆件
总质量：Total mass	261.46 克
贵金属纯度：Fineness	----
颜色：Color	绿色/浅灰绿色
折射率：Refractive index	1.66（点测）
放大检查：Magnificationcheck	纤维粒状变晶结构
备注：Remark	----
其他检验：Other Tests	红外光谱

批准：Approvedby　核验：Checked by　主检：Tested by

检验依据：GB/T 16552、GB/T 16553、GB11887、GB/T 18043

本证书仅对照片所示样品负责，复印无效，检测结果仅反映当时科学技术水平。

本中心出具的证书均可在网上查询 http://nggc.simt.com.cn

1789

清·雞油黃料花卉紋方果盆一對

QING DYNASTY A PAIR OF YELLOW GLASS FRUIT TRAYS WITH FLORAL PATTERN

高：7.8cm 直徑：17.5cm

數量：2

RMB: 48,000—60,000

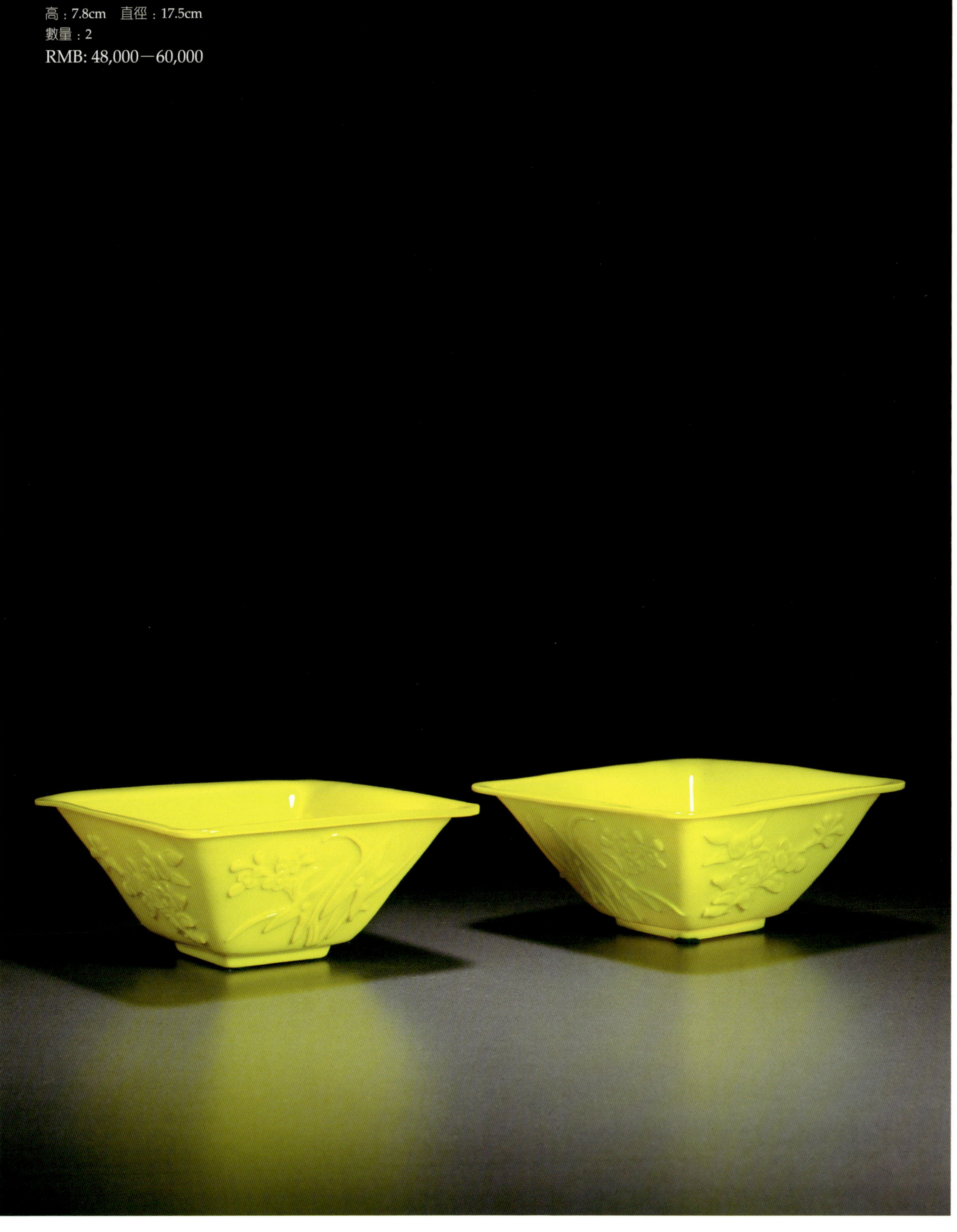

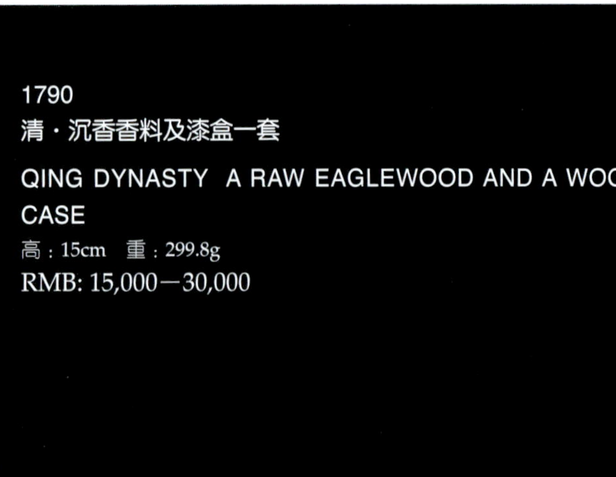

1790

清・沉香香料及漆盒一套

QING DYNASTY A RAW EAGLEWOOD AND A WOOD CASE

高：15cm 重：299.8g

RMB: 15,000—30,000

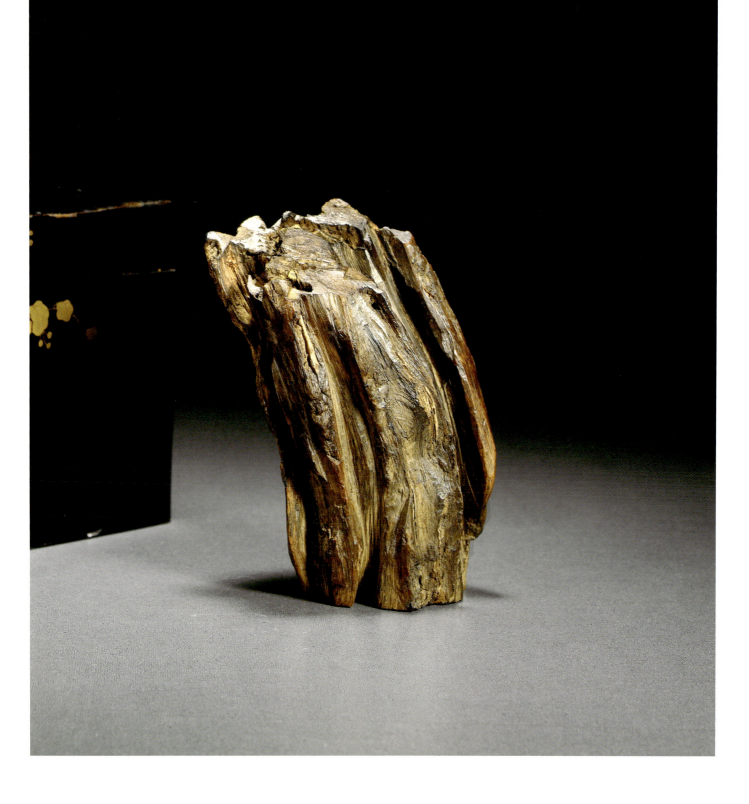

1791

越南富森紅土沉香

說明：越南富森紅土沉香在沉香中的地位是非常高的，由於香韻非常好，有著可以和奇楠相媲美的味道，而且產量也很小，被香友譽為“香中舍利”。結香的樹體受外力影響自然倒下埋於土中或是樹體自然死亡倒下埋於土裡，經千百年後沉香外部的木質部分慢慢腐爛，而留下了醇化許久的沉香，就叫土沉。而紅土沉，顧名思義是埋於紅土中，經長年醇化而得的沉香，富森紅土沉香作為紅土沉的一大代表，熟化程度非常高。生聞時，富森紅土沉香甘甜之味非常濃厚，且悠遠綿長。熏燃的富森紅土，爆發力是非常強的，不像一些沉香在熏燃時偏前味散發的是一種木味，它只要一經熏燃，立即爆發出馨香之味，沒有木味的階段，也沒有雜味的摻夾，清新自然的花果香和蜜甜味悠遠深厚，極具穿透力，美妙無比，令人心曠神怡。

VIETNAM RED EAGLEWOOD

長：18.2cm　重：182g

RMB: 300,000－350,000

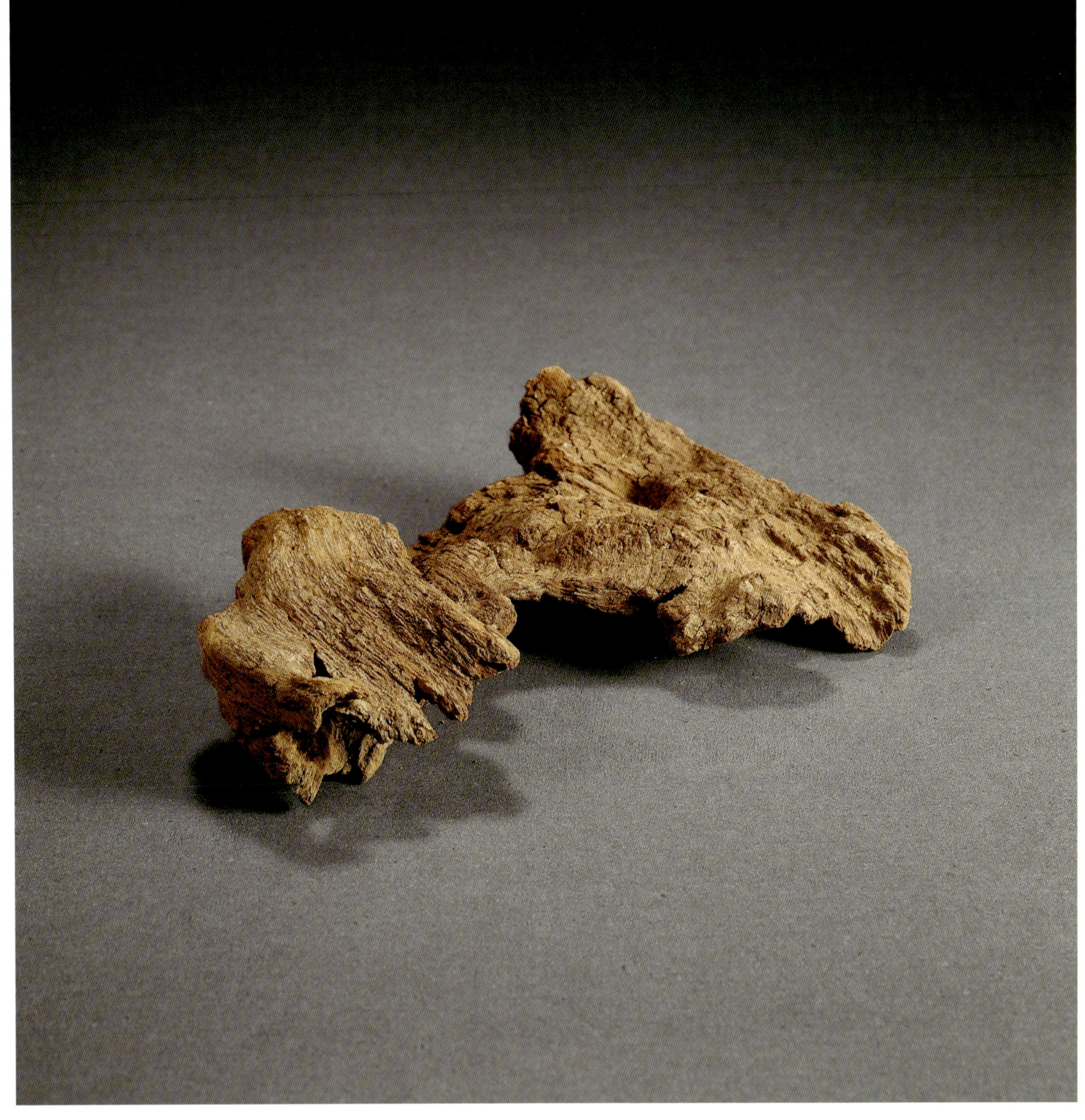

1792

元 - 明 · 蜜蠟隨形雕瑞獸及花卉紋掛件一組兩件

說明：琥珀是一種古老的寶石飾品材料，自古中國人就喜愛松香味，視琥珀和龍涎香為珍貴的香料，唐《西京雜記》記載，漢成帝後趙飛燕就是枕琥珀枕頭以攝取芳香。蜜蠟即為琥珀的一種。

YUAN DYNASTY–MING DYNASTY AN AMBER BEAST AND AN AMBER FLORAL PENDANT

瑞獸紋掛件 長：7cm 重：22g

花卉紋掛件 長：7.8cm 重：34g

數量：2

RMB: 30,000—50,000

1793

明末清初·蜜蠟雕瓜瓞綿綿把件

說明：《詩·大雅·綿》雲："綿綿瓜瓞，民之初生，自土沮漆。"瓞即小瓜，此句涵義為瓜始生時常小，但其蔓不絕，會逐漸長大，綿延滋生，引用為祝頌子孫昌盛。

把件取蜜蠟圓雕，瓜形碩大飽滿，枝繁葉茂，兩只松鼠穿梭其中，玲瓏巧妙。整器雕刻細膩精湛，刀法圓潤流暢，瓜果枝葉錯落有致。蜜蠟質地脂潤，肌理細膩，器形完整，實屬少見。

LATE MING DYNASTY-EARLY QING DYNASTY AN AMBER MELON

高：8cm　重：62.4g

RMB: 80,000－120,000

1794

清雍正·仿哥釉穿帶琮式瓶

說明：清代雍正開始仿燒哥窯，工藝極佳。琮式瓶系深受歷代帝王青睞之瓷器造型。此器圓口，短頸，平折肩，四方體，圈足。形制凝重敦厚，胎體厚實，腹部四面突起八卦紋，通體釉色仿宋代哥窯，釉面肥潤，釉色青中閃灰，通體開較大的紋片，疏朗有致。

YONGZHENG PERIOD, QING DYNASTY A 'GE'-STYLE VASE, *CONG*

高：12.4cm

RMB: 20,000—30,000

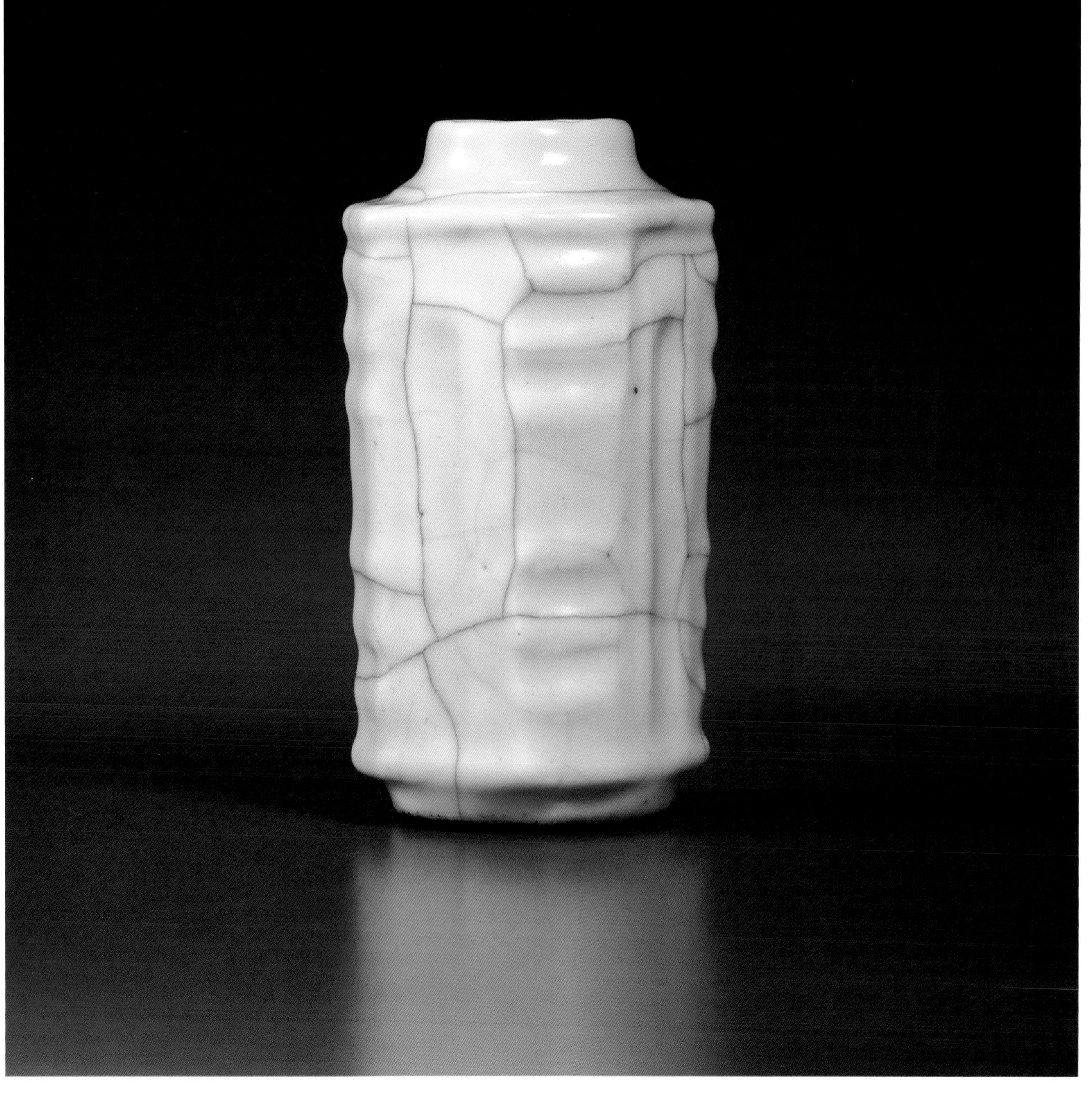

1795

清・天藍釉團龍紋太白尊

款識："大清康熙年製"六字三行楷書款

說明：太白尊又稱太白壇，是康熙官窯的典型器物之一，傳爲詩仙李白的酒壇形，故名。此爲太白尊標准器型，小口外侈，短頸溜肩，腹部圓鼓，呈半球形，淺圈足底。器內外通體施天藍色釉，釉色均勻潔淨，光滑瑩潤，雋幽淡永，腹體上暗刻三團螭龍紋，底部有青料書"大清康熙年製"六字楷書款。

QING DYNASTY A CLAIR DE LUNE VESSEL WITH DRAGON PATTERN

高：8.6cm　底徑：13cm

RMB: 28,000—35,000

大清康熙年製

1796

清乾隆·仿哥釉三足洗

款識："大清乾隆年製"六字三行篆書款

說明：此哥釉花口洗是仿哥窯的典型代表，為瓷質文房用器中的名品，數百年來備受文人雅士們的贊賞。此器造型端莊古樸，周身紋片緻密，所敷施釉色厚潤猶如凝脂，寶光內蘊，實為難得之哥釉經典傳世品。

本品寬口沿，俯視呈八邊形，呈海棠花瓣狀，其下弧腹，隨花口形出淺戟，下承三足，分布均勻。胎骨厚重緊實，露胎處顏色頗深，是為"鐵足"，通體施哥釉，底色淡雅，開片染色或黑或黃，配搭和諧，是為"金絲鐵線"。製作規整，造型樸雅，頗具古意，為乾隆仿哥釉的典型器。

QIANLONG PERIOD, QING DYNASTY A 'GE'-STYLE TRIPOD BRUSH WASHER WITH 'QIANLONG' MARK

口徑：17.4 高：6.3 cm

RMB: 20,000—30,000

1797

清中期·紅釉玉壺春瓶

說明：拍品器型規整，線條流暢優美，侈口、瘦頸、鼓腹，似膽狀。器身外壁施紅釉，釉色似初凝的雞血，深沉安定，瑩潤均勻。

紅釉是含銅釉料在高溫還原氣氛中呈紅色的裝飾釉，也稱銅紅釉，清代時期有“郎窯紅”、“豇豆紅”、“霽紅”等銅紅名品，燒成難度大，用料複雜，所以價值高，彌足珍貴。

MID-QING DYNASTY A RED-GLAZED PEAR-SHAPED VASE

高：28.5cm

RMB: 30,000—50,000

1798

清・灑藍釉梅瓶

款識：“大清康熙年製”六字三行楷書款

說明：梅瓶器身碩大，敞口，短頸，豐肩，鼓腹，束脛，內圈足，底面無釉。瓶身外壁通體以灑藍釉為底，釉面明亮自然，在藍色釉的掩映下，更顯神韻。底部胎骨細密堅硬，撫之如嬰兒般肌膚光滑，讓人愛不釋手。此件梅瓶為海外回流之物，配有西方銅製花卉紋飾的蓋和底座。

QING DYNASTY A RARE BLUE-GLAZED ‘PRUNUS’ VASE, *MEIPING*

高：22cm

RMB: 38,000－50,000

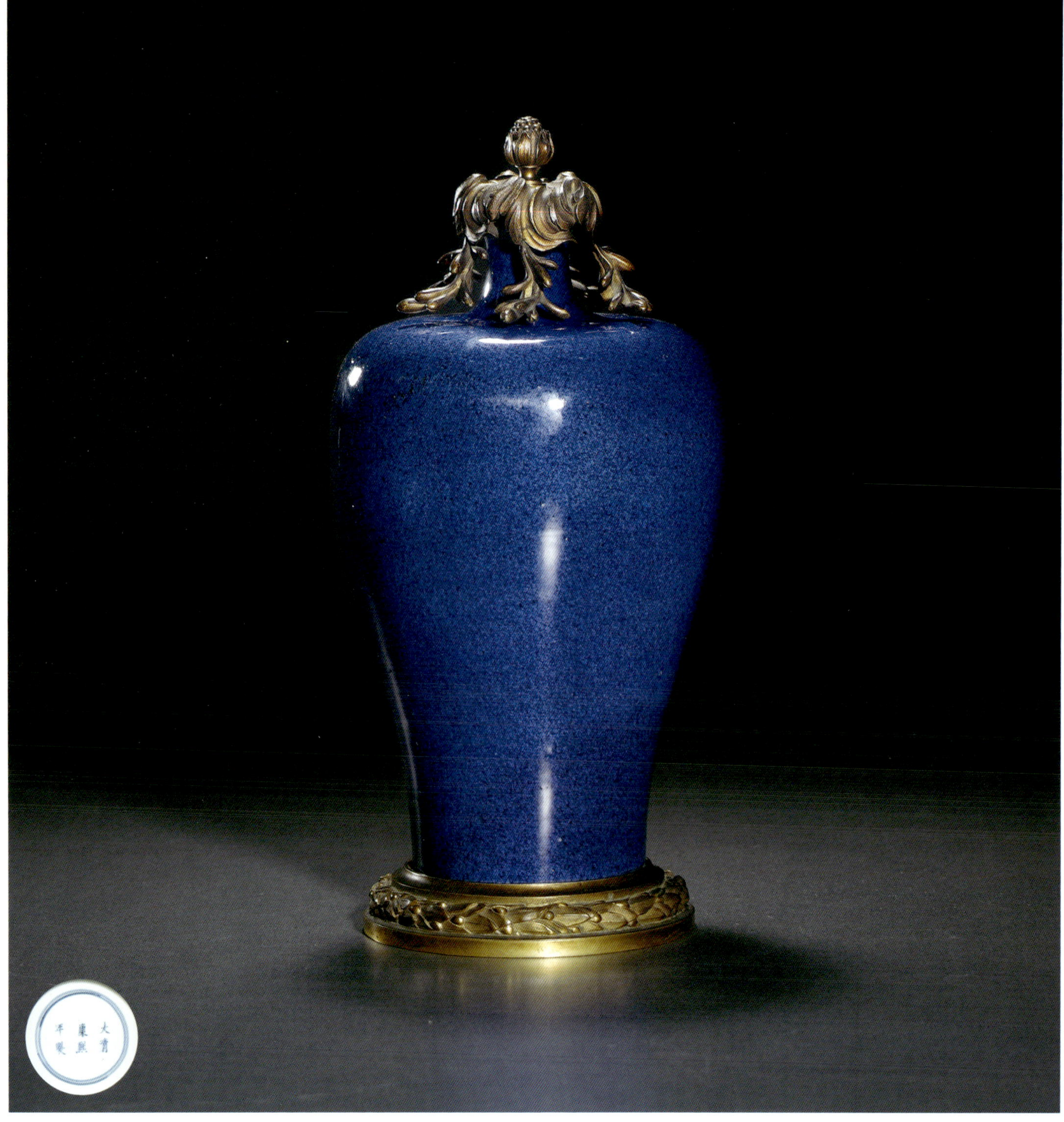

1799

清光緒・粉青釉八卦紋琮式瓶

款識："大清光緒年製"六字雙行楷書款

說明：唇口折肩，器身四面均飾八卦圖案，其造型仿先秦禮器"玉琮"，始見於宋代，官、民窯均有燒製，清代乾隆朝以後成為官窯的傳統器形，底圓體方，暗喻天圓地方之意。本品通體施粉青釉，釉層肥潤，釉色滋潤明亮，形制端莊典雅，為光緒官窯同類器的佳作。

GUANGXU PERIOD, QING DYNASTY A 'CONG'-STYLE CELADON-GLAZED VASE WITH 'GUANGXU' MARK

高：27.6cm

RMB: 50,000—80,000

大清光緒年製

1800

宋・定窯印花一鷺連科洗

說明：通體施白釉，釉中閃微黃，洗內底印一鷺連科紋，四周裝飾風琴褶。

SONG DYNASTY A BRUSH WASHER WITH LOTUS AND HERON PATTERN, FROM DING KILN

口徑：14.5cm

RMB: 50,000—80,000

1801

元・龍泉窯瓜棱執壺

YUAN DYNASTY A RIDGED 'LONGQUAN' CELADON-GLAZED EWER

高：8.4cm　長：11.5cm

RMB: 50,000—80,000

1802

高麗青瓷花口洗

說明：洗作六瓣葵花形，敞口，斜壁，平底，釉色仿宋代汝窯，並採用汝窯特有的芝麻支釘，工藝十分講究。外壁光素，內洗芯刻折枝花紋。釉色青翠，偶有冰裂紋，與汝窯較為相似，卻又獨具特色。

高麗青瓷乃受中國唐宋青瓷影響而發展起來，是高麗王朝瓷器中的代表作，部分上品可與中國宋代汝窯媲美，故又有韓國“汝窯”之稱。

A KORYO CELADON-GLAZED BRUSH WASHER

高：3.2cm　口徑：14.2cm

RMB: 100,000—120,000

1803

金-元·鈞窯紅斑碗

說明：碗斂口，弧腹，裏外施天藍釉，碗裏可見塊狀紅斑，其狀如夜空中璀璨的煙火。口沿釉薄處為褐色，並雜有紫褐點。胎體厚重，呈黃褐色。圈足和外底無釉。

鈞窯瓷器是中國歷史上的名窯奇珍，造型獨特，以瑰麗異常的鈞釉名聞天下。寂園叟的《詠陶詩均盆歌》稱讚鈞瓷：“柴窯不可見，存者惟禹鈞，鈞也汝也皆宋器，蚯蚓走泥跡已陳，欹斜屈曲若隱現，以此辨其贗與真。宋後莫能仿製者，造化巧妙何其神。”

鈞窯利用鐵、銅呈色的不同特點，以蛋白石光澤的青色為基調，具有乳濁而不透明的效果，燒造出天青、天藍、玫瑰紫、海棠紅等各種瑰麗的色釉，從而名聞天下。

JIN DYNASTY-YUAN DYNASTY A'JUN' BOWL

高：8.2cm 口徑：16.2cm

RMB: 30,000—50,000

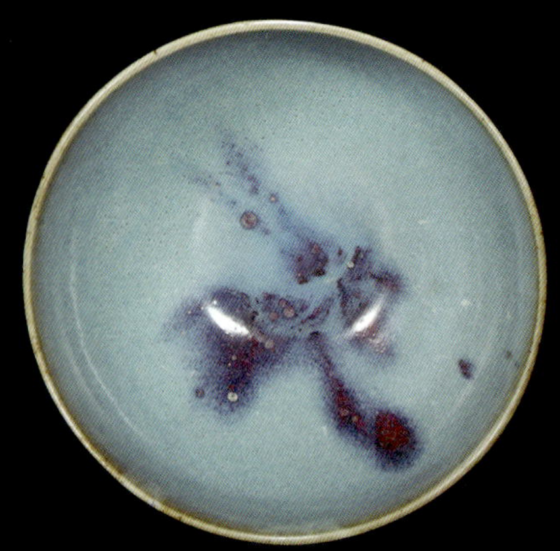

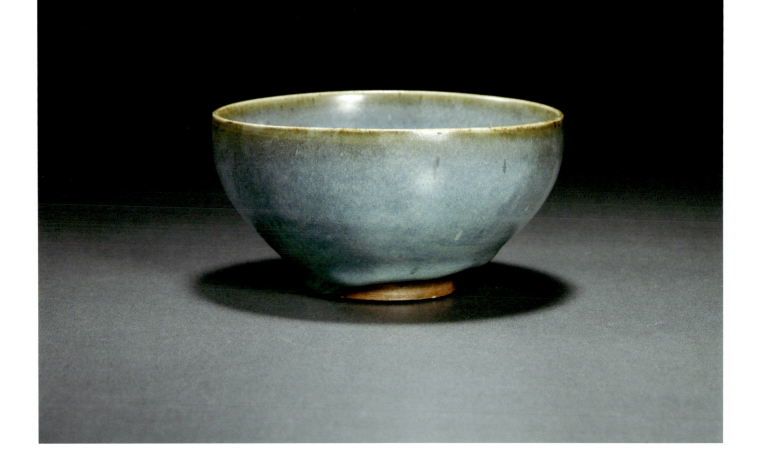

1804

宋・青白釉瓜棱瓶一對

說明：撇口，長頸，垂腹肩，八棱造型，棱角犀利，造型周正又不拘謹，底足墨書銘文。

SONG DYNASTY A PAIR OF RIDGED PALE-CELADON GLAZED BOTTLES

高：20.6cm

數量：2

RMB: 40,000－60,000

1805

清雍正·鈞窯水洗

說明：此洗為鈞瓷，釉色變化多樣，厚潤肥美。鈞瓷是我國宋代五大名窯瓷器之 一，以獨特的窯變藝術而著稱於世，素有"黃金有價鈞無價"和"家有萬貫，不如鈞瓷一件"的美譽。是河南省禹州市神垕鎮獨有的國寶瓷器，憑借其古樸的造型、精湛的工藝、複雜的配釉、"入窯一色出窯萬彩"的神奇窯變，湖光山色、雲霞霧靄、人獸花鳥蟲魚等變化無窮的圖形色彩和奇妙韻味，被譽為中國"五大名瓷"之首。

YONGZHENG PERIOD, QING DYNASTY A 'JUN' BRUSH WASHER

高：2.5cm　口徑：14cm

RMB: 20,000－30,000

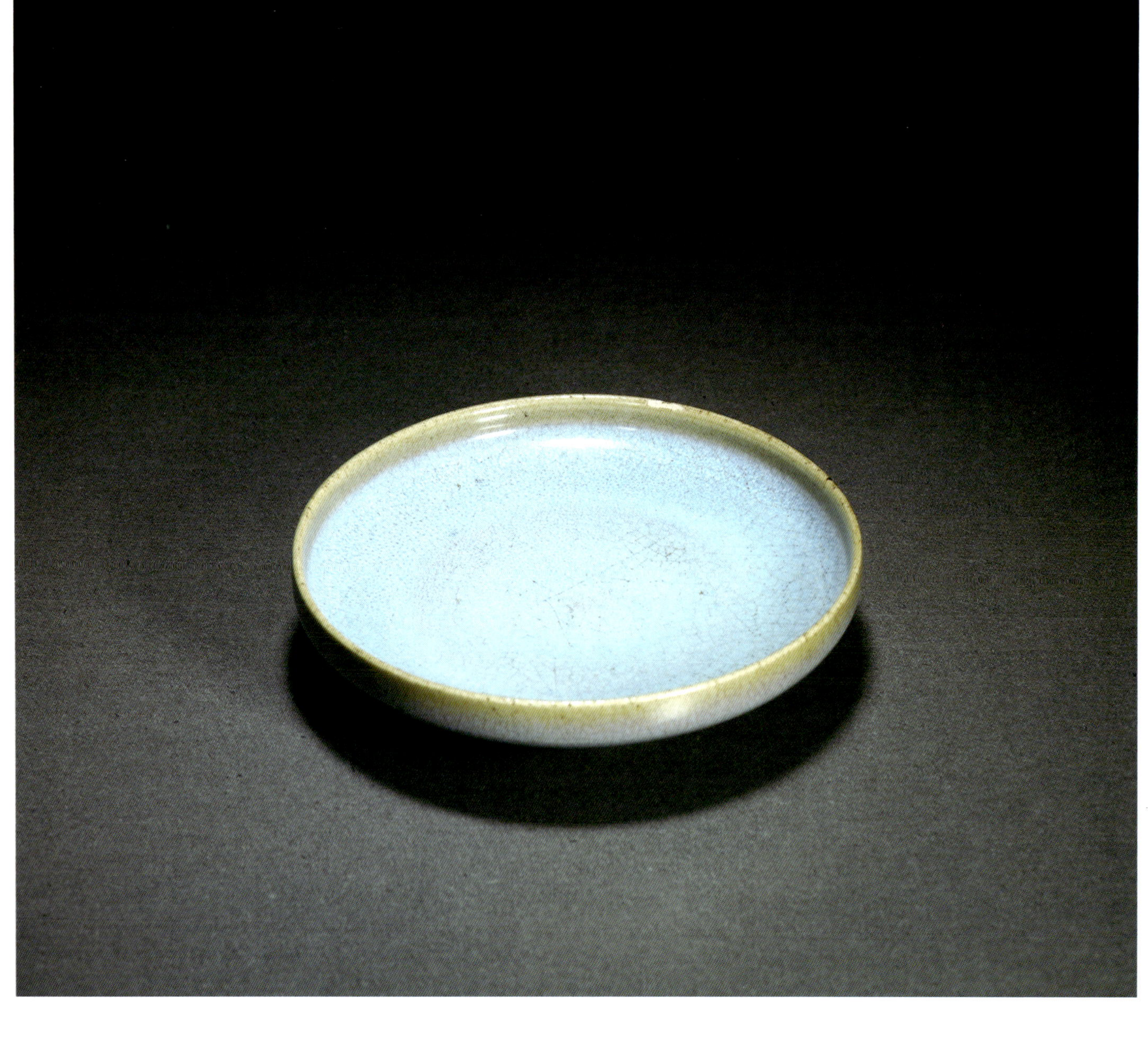

1806

宋・青白釉折腰洗一對

說明：此對小碟規格小巧，撇口，折腹，外壁刻一圈弦紋，通施青白釉，釉水呈玻璃質感，有開片。底足墨書。

SONG DYNASTY A PAIR OF PALE-CELADON GLAZED BRUSH WASHERS

1. 高：4cm　口徑：10.4cm

2. 高：4cm　口徑：10.3cm

數量：2

RMB: 18,000—30,000

1807

北宋·湖田窯瓜棱執壺

說明：壺敞口，束頸，瓜棱形腹，肩兩側置長流與曲柄，圈足，僅在流與柄下部作簡單裝飾，器形簡潔而優雅。通體施青白釉，釉色湖藍，醉人心脾。湖田窯執壺較為常見，而如此壺之端莊秀美者實屬不易。

NORTHERN SONG DYNASTY A RIDGED TEAPOT, FROM HUTIAN KILN

高：17.5cm

RMB: 30,000－50,000

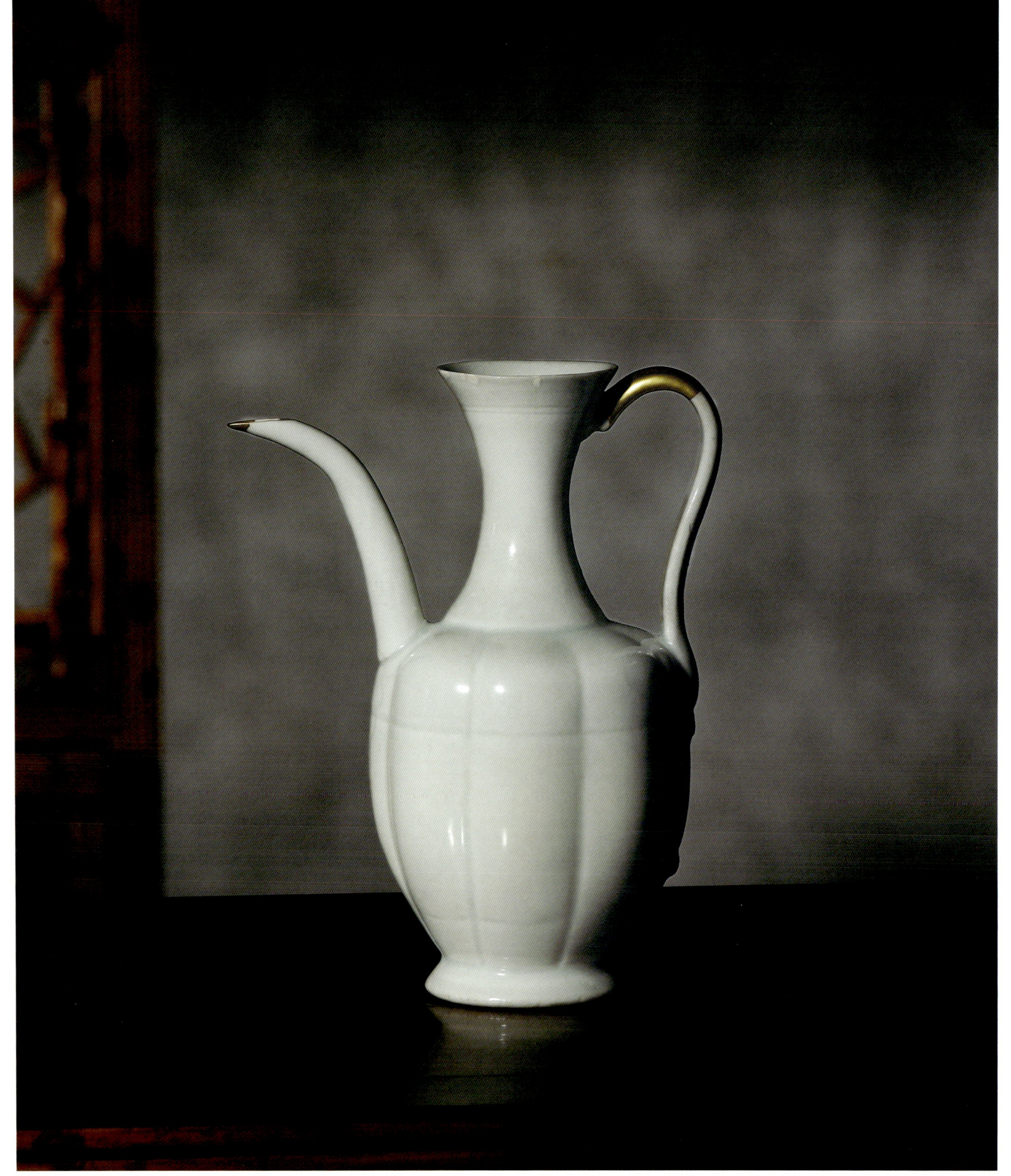

1808

元 - 明 · 龍泉窯八卦銘文鈕鐘

銘文：國泰民安。乾、兌、坤、離、巽、震、艮、坎。

說明：龍泉窯為宋代六大窯系之一，為南方著名的青瓷窯口，極盛於南宋，元明時亦保持了較高的燒造水準。以燒造生活實用器為主，而像此鍾作為宗教用的法器極為罕見。

鍾寶杵形鈕，鍾身起四棱，裝飾四組銘文，合起來為“國泰民安”和八卦。八卦是中國道家文化的深奧哲學概念，八卦的形成源於河圖和洛書。所謂八卦就是八個不同的卦相，八卦圖是太昊伏羲氏所畫製。

YUAN DYNASTY　A ‘LONGQUAN’ BELL WITH EIGHT-DIAGRAMS PATTERN

高：10.8cm

RMB: 30,000—50,000

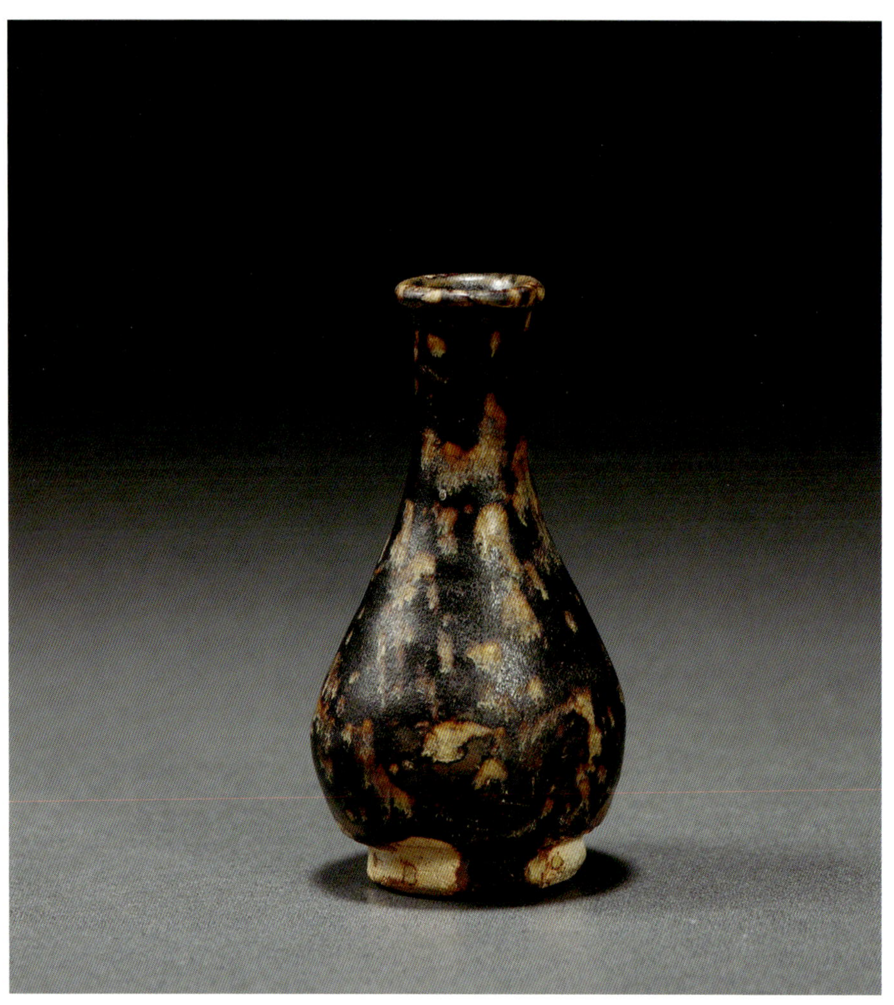

1809

宋・吉州窯玳瑁紋小膽瓶

說明：此件小器大樣，小膽瓶外形，唇口、長頸、鼓腹、圈足，澀胎。整體玳瑁發色艷麗鮮明，歡快明亮，屬同類中發色精品，釉色變化豐富，裝飾效果極佳，且器型小者罕見，盈手可握，玩味十足，無怪乎成為知名藏家之案頭賞玩之物，審美極高。

SONG DYNASTY A VASE WITH HAWKSBILL PATTERN, FROM JIZHOU KILN

高：9cm

RMB: 38,000—50,000

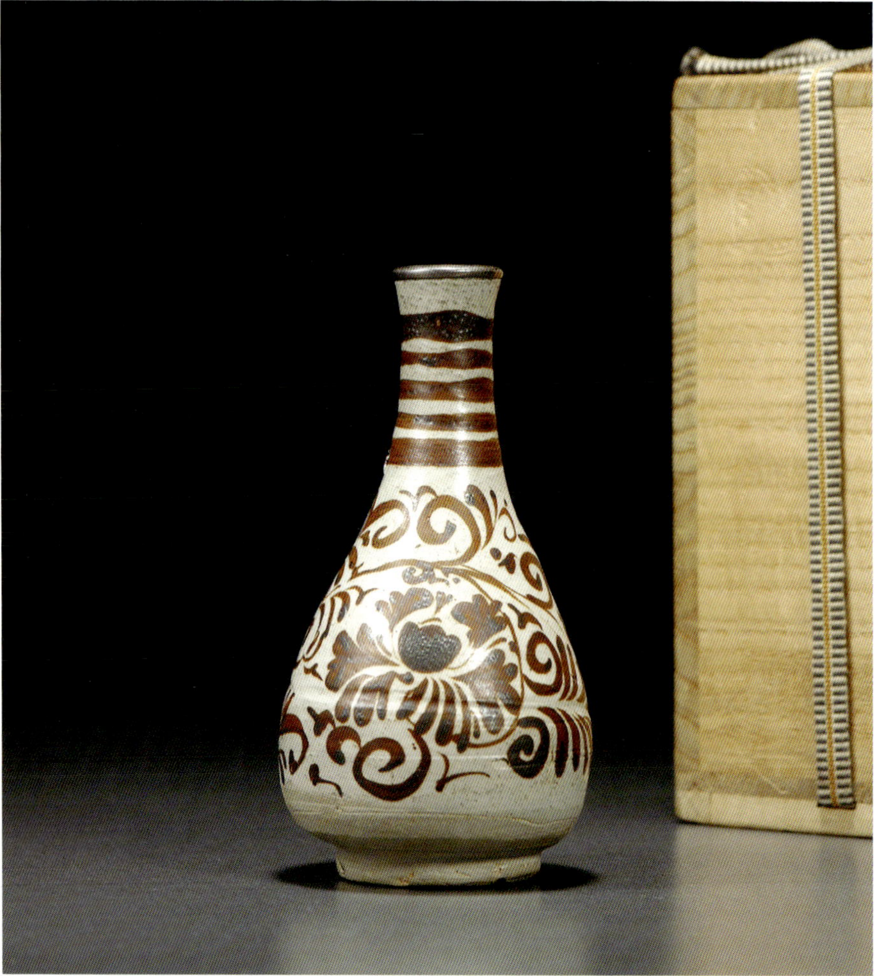

1810

宋・吉州窯卷草紋小膽瓶

說明：兩宋時期，窯口眾多，裝飾技法亦各有千秋，吉州窯屬於期間最創新的窯口之一，尤其是其剪紙貼花的藝術獨樹一幟，別具風格。此吉州窯膽式瓶，在白地上以卷草紋花卉為飾，其裝飾手法與北方大窯磁州窯相似，具同源之質，但裝飾花卉風格因南北差距而有顯著差別，南方特色風格顯著。

SONG DYNASTY A PAINTED BOTTLE WITH GRASS PATTERN, FROM JIZHOU KILN

高：13.6cm

RMB: 22,000—30,000

1811

元・樞府釉菊辦盤

YUAN DYNASTY A 'SHUFU'-GLAZED 'CHRYSANTHEMUM' TRAY

高：4.5cm 口徑：16.7cm

RMB: 10,000—20,000

1812

北宋·越窑宝相花纹盘

NORTHERN SONG DYNASTY A DISH WITH LOTUS AND PEONY PATTERNS, FROM YUE KILN

高：4cm 口徑：16cm

RMB: 50,000—80,000

1813

北宋・越窑秘色瓷莲瓣紋洗

說明："秘色" 一詞最早出自晚唐詩人周輝《清波雜誌》云："越上秘色器，錢氏有國日，供奉之物，不得臣下用，故曰秘色"。過去一直把胎釉俱佳、釉色青翠的越窯稱為秘色。1987 年陝西扶風縣青瓷器，在物帳上這批瓷器記載為 "瓷秘色"，從而揭開了秘色瓷的神秘面紗。2016 年慈溪上林湖後司嶴窯址成功發掘出土了大量的與法門寺地宮秘色瓷相同的越窯瓷片、殘器，從而明確了秘色瓷的燒造地點。

NORTHERN SONG DYNASTY A LOBED OLIVE-GREEN GLAZED BRUSH WASHER, FROM YUE KILN

高：4.2cm　口徑：13.2cm

RMB: 80,000－120,000

1814

清道光・胭脂紅地青花八仙過海圖碗 .

說明：中國歷代瓷器當中繪八仙紋飾者非常之多，以此寓意福祿壽喜，碗內底繪壽星，寓意不言則明。道光朝官窯器中此類紋飾較為常見，但是紋飾繪畫的精美凸顯此碗的品級。此碗敞口，弧腹，圈足，露胎處可見胎質細膩。整器規整有秩，紋飾精美非常，為道光朝之典型器。

DAOGUANG PERIOD, QING DYNASTY A PEACHBLOOM-GROUND BLUE-AND-WHITE BOWL WITH EITHT-IMMORTAL PATTERN

高：7.9cm 口徑：21.4cm

RMB: 30,000－50,000

1815

清同治·青花歲寒三友圖盤

款識："大清同治年製"六字雙行楷書款

說明：盤敞口、淺弧壁，圈足。胎質細膩白嫩，盤內外均繪青花紋飾，盤心繪松竹梅歲寒三友圖，外壁環繞庭院仕女及嬰戲圖等組成一個完整的畫面，整器紋飾佈局疏朗有致，繪畫傳神，情景逼真，加之青花幽藍的色澤，一種恬靜淡漠的格調自然顯露，堪稱同治時期官窯精品。

TONGZHI PERIOD, QING DYNASTY A BLUE-AND-WHITE DISC WITH PINE TREE, BAMBOO AND PRUNUS PATTERN

高：4.4cm 口徑：18cm

RMB: 95,000－120,000

大清同治年製

1816

清雍正・青花靈芝紋花口大盤

說明：此盤青花發色美艷動人，所繪纏枝靈芝紋枝蔓牽連，繁而有序，葵口起花，翻卷合度自然。

YONGZHENG PERIOD, QING DYNASTY A BLUE-AND-WHITE TRAY WITH GANODERMA PATTERN

高：8.7cm　口徑：40cm

RMB: 60,000—80,000

1817

清同治・青花松竹梅紋盤

款識："大清同治年製"六字雙行楷書款

說明：此盤敞口，淺弧腹，圈足，胎質細膩緻密，釉面光潔亮澤，裏外口沿均飾青花雙線，盤芯雙圈內繪松竹梅歲寒三友圖，周圍襯以山石、靈芝、小草，外壁繪庭院人物圖，仕女端坐，嬰孩嬉戲，襯以庭院欄桿、洞石花卉，圖案清幽雅麗，繪畫工緻流暢。松、竹、梅，於萬木凋零之際不畏嚴寒，各守其節，故世人以"歲寒三友"借喻高尚品格，為瓷器裝飾的典型紋樣之一。此盤器型周正典雅，青花色澤明艷，為清代官窯之傳統品種。

TONGZHI PERIOD, QING DYNASTY A BLUE-AND-WHITE TRAY WITH PRUNUS, BAMBOO AND PINE TREE PATTERNS AND 'TONGZHI' MARK

直徑：18.2cm

RMB: 170,000—200,000

1818

清康熙·青花松鼠葡萄紋盤

款識：“大明嘉靖年製”六字雙行楷書款

說明：直腹圈足，口沿施醬釉。盤芯及內壁青花繪瓜瓞綿綿紋飾，寓意吉祥，外壁繪纏枝蓮紋，底落“大明嘉靖年製”青花款，為清康熙朝仿明青花瓷之典型器。

KANGXI PERIOD, QING DYNASTY A BLUE-AND-WHITE PALETTE WITH SQUIRREL AND GRAPE PATTERN

Provenance: Previously collected by Shanghai Antique Store.

直徑：16.5cm

RMB: 30,000－50,000

來源：上海文物商店舊藏。

1819

清乾隆·豆青釉粉彩花卉紋盤

款識："大清乾隆年製"六字三行篆書款

說明：此件拍品以豆青釉為地，醬口，盤芯用粉彩繪製花卉紋，色彩柔和悅目，底足有六字青花篆書款"大清乾隆年製"。

QIANLONG PERIOD, QING DYNASTY A CELADON-GLAZED FAMILLE ROSE TRAY WITH FLORAL PATTERN AND 'QIANLONG' MARK

口徑：16.2cm

RMB: 40,000—60,000

1820

清 · 靈璧賞石擺件一組兩件

QING DYNASTY TWO 'LINGBI' ROCK ORNAMENTS

1. 帶座高：8.3cm

2. 帶座高：7.4cm

數量：2

RMB: 無底價

1821

清 · 紫檀長方几一組兩件

QING DYNASTY TWO RECTANGULAR ZITAN STANDS

1. 帶托泥几高：7.8cm 長：32cm 寬：16.4cm

2. 高：10cm 長：41cm 寬：23.7cm

數量：2

RMB: 無底價

1822

清·紅木嵌百寶蘭石盤

說明：此件紅木盤，造型規整雅緻，由紅木整挖而成，作小圈足及玉璧底。盤內蘭石相生，所嵌壽山石多變，青碧，朱黃漸變，蘭花貼黃，雅緻精巧。

QING DYNASTY　A GEM-INLAID MAHOGANY DISH WITH ORCHID AND ROCK PATTERNS

高：2.5cm　口徑：19cm

RMB: 18,000—30,000

1823

清・阮氏款万松叠翠雲石墨床

銘文：萬松疊翠。仿北苑法。阮氏石。

QING DYNASTY AN INKSTICK HOLDER WITH PINE TREE AND CLOUD PATTERNS AND 'RUAN SHI' MARK

高：3.6cm 長：13cm 寬：6.6cm

RMB: 12,000－20,000

銘者簡介：阮元（1764～1849），字伯元、良伯、梁伯，號雲台、芸台、雷塘盦主，晚號頤性老人等，室名節性齋，江蘇儀征人。乾隆五十四年進士，授編修。歷任工部侍郎、浙江巡撫，湖廣、兩廣、雲貴總督，官至體仁閣大學士，卒謚文達。著述宏富。亦工書畫，精鑒賞，尤精篆隸。被尊為一代文宗。

1824

清・申錫製紫砂貨布硯

銘文：貨布。申錫（白）。

說明：硯取紫砂為材，細潤溫潤，琢工精細，包漿古舊。為仿漢代貨布的形制而做，硯面打磨平整，上口為墨池。背為貨布二字。造型古樸沉穩，典雅大方，設計新穎，構思巧妙。帶紅木盒。

QING DYNASTY　A ZISHA INKSTONE AND A MAHOGANY CASE, MADE BY SHEN XI

高：1.5cm　長：14.1cm　寬：8.8cm

RMB: 20,000－30,000

作者簡介：申錫［清］，道光時宜興製壺高手，字子貽，生卒不詳。篤志壺藝，精於雕刻，善用白泥。精者捏造，巧不可階。曾與楊彭年、朱石梅等合作製壺。

1825

清・銅鎏金銀佛手鎮紙

說明：佛手為一種果實，俗稱佛手柑。其形如人手，一端生長時裂開，分散如人的手指，拳曲如手掌。
其形體獨特，頗堪賞玩，而其名又合"佛祖之手"，寓意吉祥。

QING DYNASTY A GILT-BRONZE SILVER 'FINGERED CITRON' PAPERWEIGHT

長：23.5cm 寬：6cm

RMB: 30,000－50,000

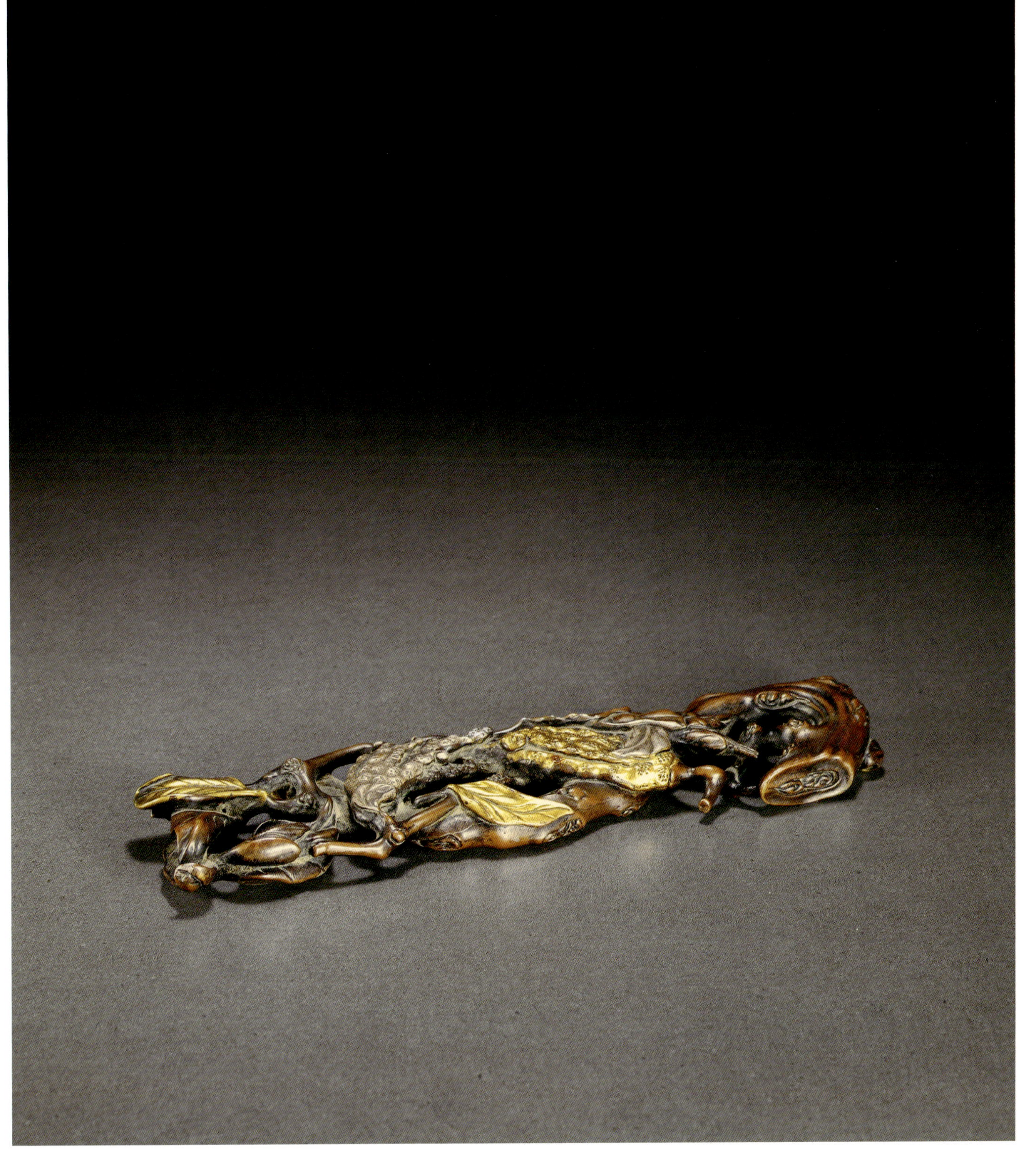

1826

清・楠木刻彝器金文掛屏一組兩件

說明：此組為仿製青銅器過程中，製銘文蠟片所用的木範。其上可見常出現于商末周初青銅器上的紋飾及銘文，古韻卓然。青銅器的仿作在宋代開始，至晚清民國達到高峰。在當時，北京、西安、濰縣、蘇州四地水準最高。

QING DYNASTY TWO NANMU WOOD HANGING SCREENS WITH INSCRIPTION

1. 長：57cm 寬：33cm

2. 長：90cm 寬：30cm

數量：2

RMB: 10,000－20,000

正面

背面

1827

清·沈存周製錫製人物詩文茶葉罐

銘文：1. 雨前

2. 六安

3. 叩齒焚香出世塵，坐壇名磬步虛人。徐樓送客不能醉，寂寂寒江明月心。書于吟山室。沈存周。屿（朱）。

說明：錫製茶倉，其蓋上刻“雨前”，而罐內底部藏“六安”二字，大抵為清代放置谷雨前所採摘的六安瓜片。橢圓形罐腹刻詩文與乘舟圖。寂寂寒江，夜半送客，畫面文人獨坐船首望江悵然之感寄託于詩中，意境曠遠而靜謐。原配舊錦囊。

QING DYNASTY A TIN TEA CANISTER WITH FIGURE PATTERN AND INSCRIPTION, MADE BY SHEN CUNZHOU

高：6cm

RMB: 10,000－20,000

作者簡介：沈存周（清），字鷺離，浙江嘉興人。以錫製壺多雅馴。其形以僧伽帽為上，次蓮花，次桃核。色漿水銀色，光可鑒人。凡雕鏤詩句、姓氏、圖印即世工書篆者不能過。

1828

清 · 紅木嵌湘妃竹癭木面平頭小案

QING DYNASTY A 'XIANGFEI' BAMBOO AND BURL INLAID MAHOGANY TABLE

高：20cm 長：77.7cm 寬：33cm

RMB: 10,000—20,000

1829

清・黃楊嵌瘿木面福壽紋圓凳一對

QING DYNASTY A PAIR OF BURL-INLAID BOXWOOD STOOLS WITH AUSPICIOUS PATTERN

1. 高：45.8cm

2. 高：45.7cm

數量：2

RMB: 10,000—20,000

1830

清 · 癭木茶臺

QING DYNASTY A BURL TEA STAND

長：230 cm　寬：148cm

RMB: 80,000—120,000

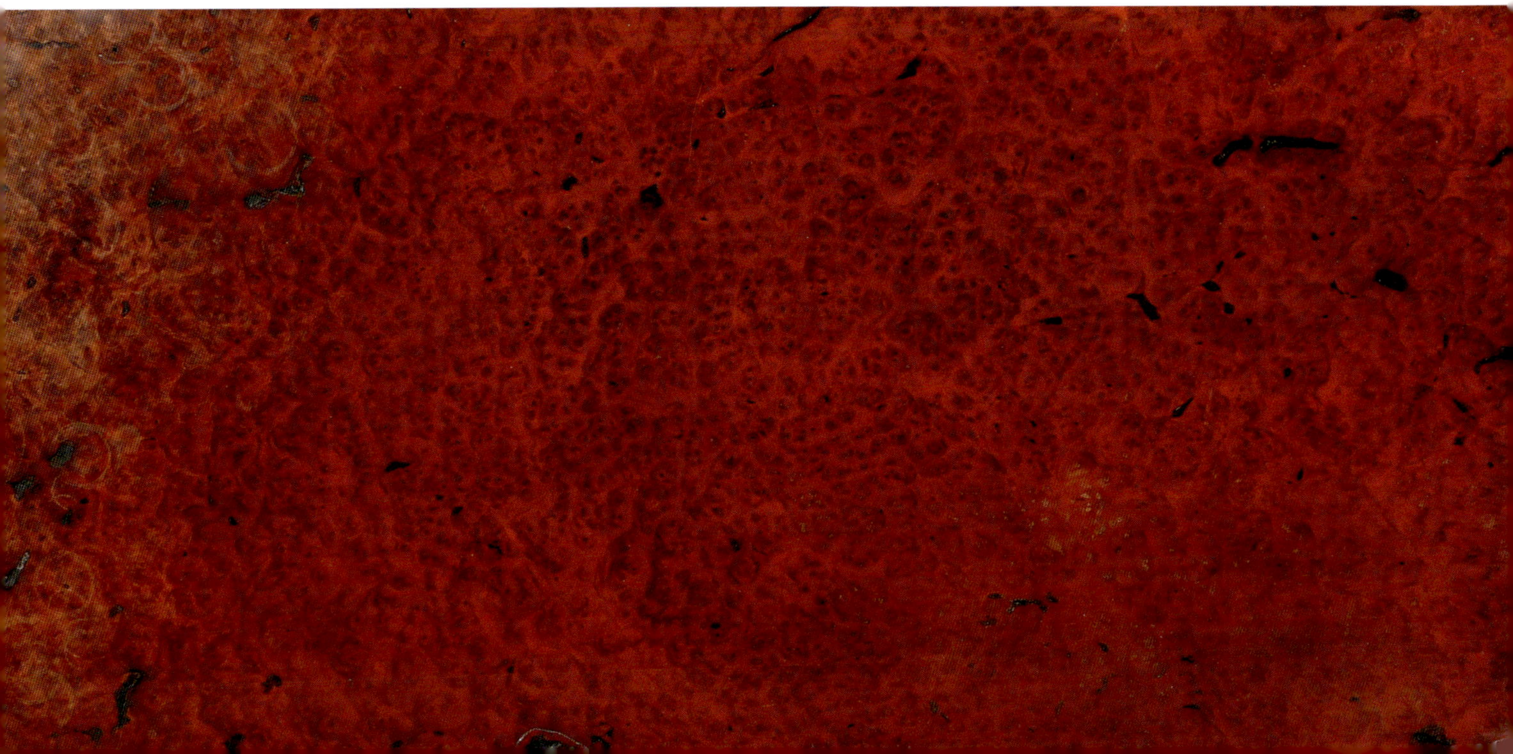

1831

清 · 銅鬲

說明：在古器物系列收藏中，造型是收藏家所關注的重點之一。此件口伯鬲就是一件造型特殊的青銅器。其造型在鼎、鬲之間。《三代吉金文存》稱鬲、陳邦懷稱鼎。此鬲敞口外撇，口沿較薄，雙立耳方折有度，有鼎之形。頸部一周斜角雷紋。袋狀腹部顯示出典型鬲的造型，至底足處漸收成為柱狀。通體綠鏽，古意自來，又配佳形，實屬文人逸品。

QING DYNASTY A BRONZE COOKING VESSEL, *LI*

高：15.5cm 口徑：12cm

RMB: 18,000—30,000

1832

唐 · 銅海獸葡萄鏡

TANG DYNASTY A BRONZE MIRROR WITH BEAST AND GRAPE PATTERN

直徑：10.8cm

RMB: 15,000—20,000

1833

戰國 - 漢・郭若愚藏銅器六件

銅釘銘文：甲六十一。

銅戈銘文：廿九年俞氏工師鄭成冶毋。

WARRING STATES PERIOD-HAN DYNASTY SIX BRONZE WARES, COLLECTED BY GUO RUOYU

銅鏡直徑：20.7cm 銅鉤長：18.8cm 銅帶鉤長：21cm

銅刀長：21.5cm 銅釘長：8.8cm 銅戈長：25.4cm

RMB: 30,000—50,000

藏著簡介：郭若愚（1921～2012），字智龕，畢業於光華大學中國文學系。先後從鄧散木、阮性山、郭沫若幾位先生學習金石、書法、繪畫、篆刻、古文字及考古，後在上海市文物保管會工作。是著名書畫篆刻家，古文字學家，考古學家，收藏家，紅學家，鑒定家。民國期間多次舉辦個人書法篆刻展。1980 年 10 月在上海中山公園與喬木、曹簡樓、富華、朱梅村、錢君匋舉辦書畫聯展。其著作主要有《殷契拾掇》,《殷虛文字綴合》,《戰國楚簡文字編》,《先秦鑄幣文字考釋和辯偽》,《八大山人世系考》,《篆刻史話》,《太平天國革命文物圖錄續編》,《紅樓夢風物考》等。

銅釘銘文

銅戈銘文

1834

清·靜學齋藏款銅沖耳爐

款識：靜學齋藏

說明：靜學齋爲廢棄已久的耕漁軒，至清嘉慶初年由海甯查世倓購得重加葺治，易名鄧尉山莊。其內藏寶甚豐，如皇帝賜禦書唐詩巨冊、內府秘書五百卷、字畫碑刻硯墨等，件件精品。靜學齋爲其裏一處，樓東多古樹，因樹爲屋，名靜學齋，爲雍正帝胤禛潛邸時書額。查世倓是清浙江嘉興府海甯縣人，字恬叔，號讱堂，又號憺余，爲乾隆三十五年（1770）舉人，由內閣中書曆官刑部福建司郎中。著有《憺余詩文集》、《憺余尺牍》。道光元年（1821）卒，享年七十二歲。

QING DYNASTY A BRONZE CENSER, COLLECTED BY JING XUE ZHAI

高：9.5cm　口徑：13.5cm　重：1562g

RMB: 30,000—50,000

1835

清・大明宣德年製款銅雙螭耳簋式爐

款識：大明宣德年製

QING DYNASTY A 'GUI'-STYLE BRONZE CENSER WITH 'CHI' HANDLES

高：6.6cm　直徑：14.9cm　重：895g

RMB: 30,000－50,000

1836

清中·大明宣德年製銅點彩香爐

款識：大明宣德年製

說明：南紅靈芝鈕，原配紅木蓋及座。

MID-QING DYNASTY A GLAZED BRONZE CENSER WITH A MAHOGANY COVER AND STAND

帶座高：16cm　高：13.7cm　重：515g

RMB: 10,000—20,000

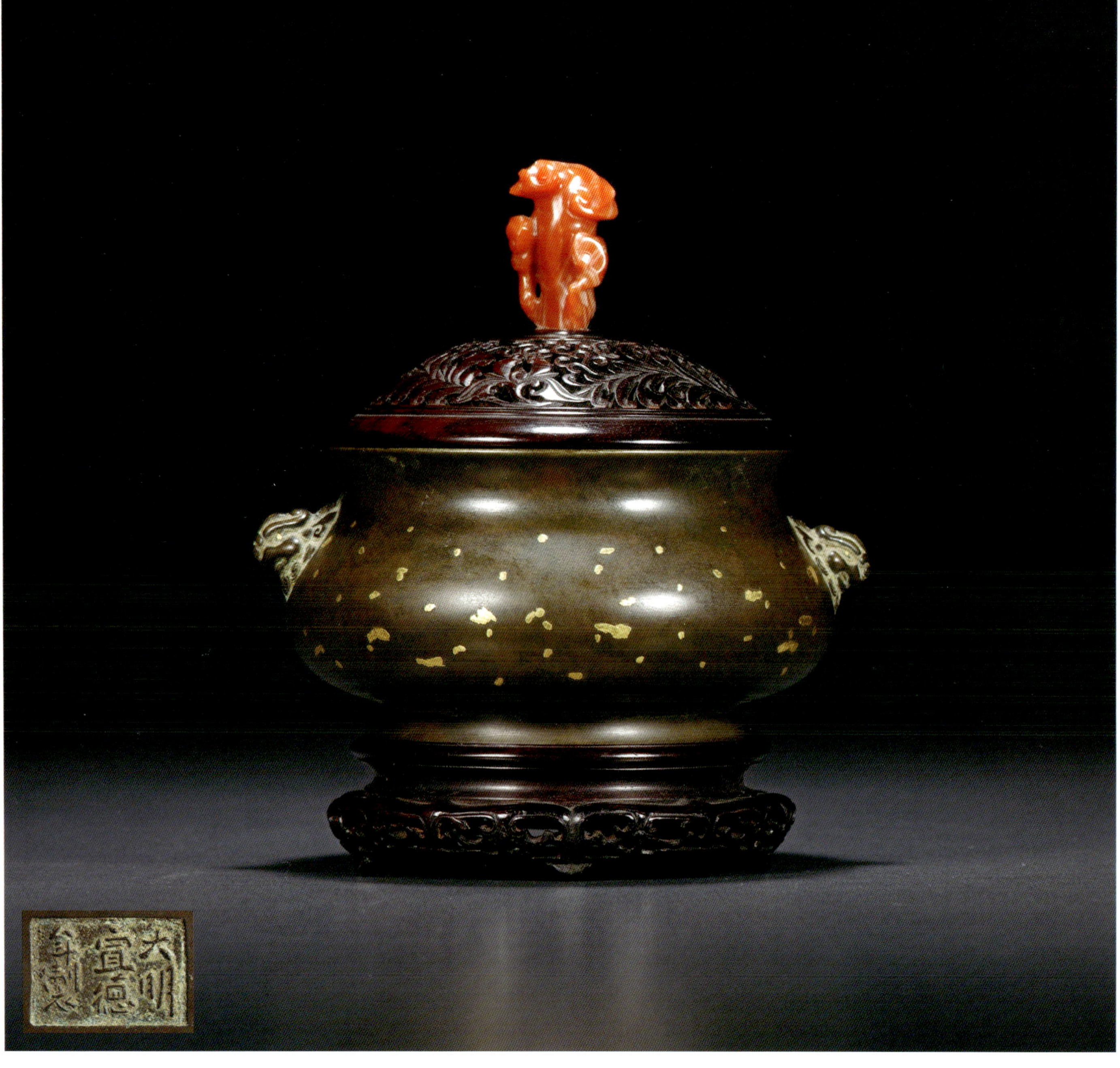

1837

清・大明宣德年製款銅象腿三足爐

款識：大明宣德年製

QING DYNASTY A TRIPOD BRONZE CENSER WITH 'XUAN DE' MARK

高：8cm 口徑：16.5cm 重：876g

RMB: 10,000－20,000

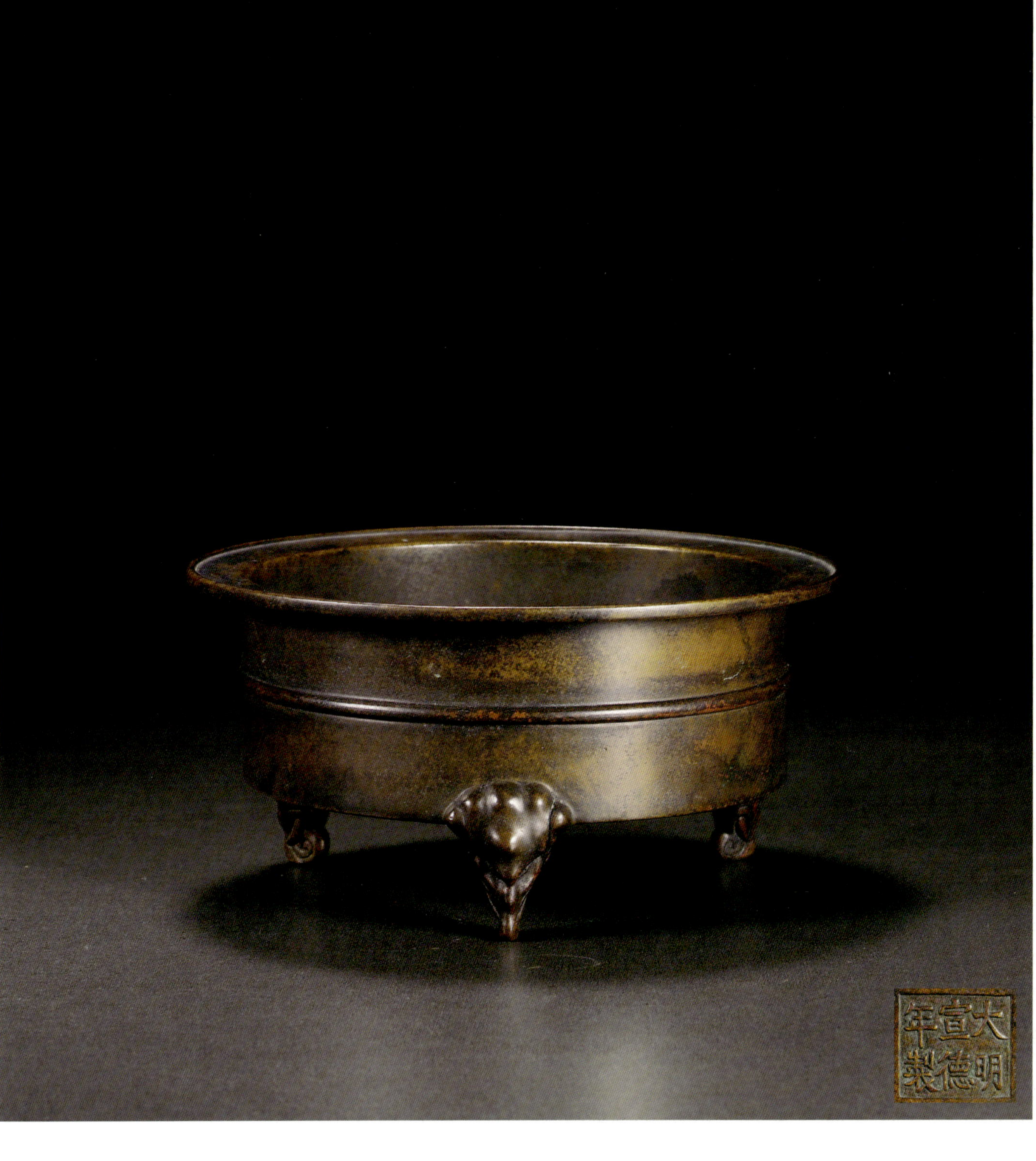

1838

宋 - 明 · 銅獸足朝冠耳鼎式爐

說明：原配紅木蓋及紅木底座。

QING DYNASTY A 'DING'-STYLE BRONZE CENSER AND A MAHOGANY COVER AND STAND

帶座高：27.6cm 高：22cm

RMB: 30,000－40,000

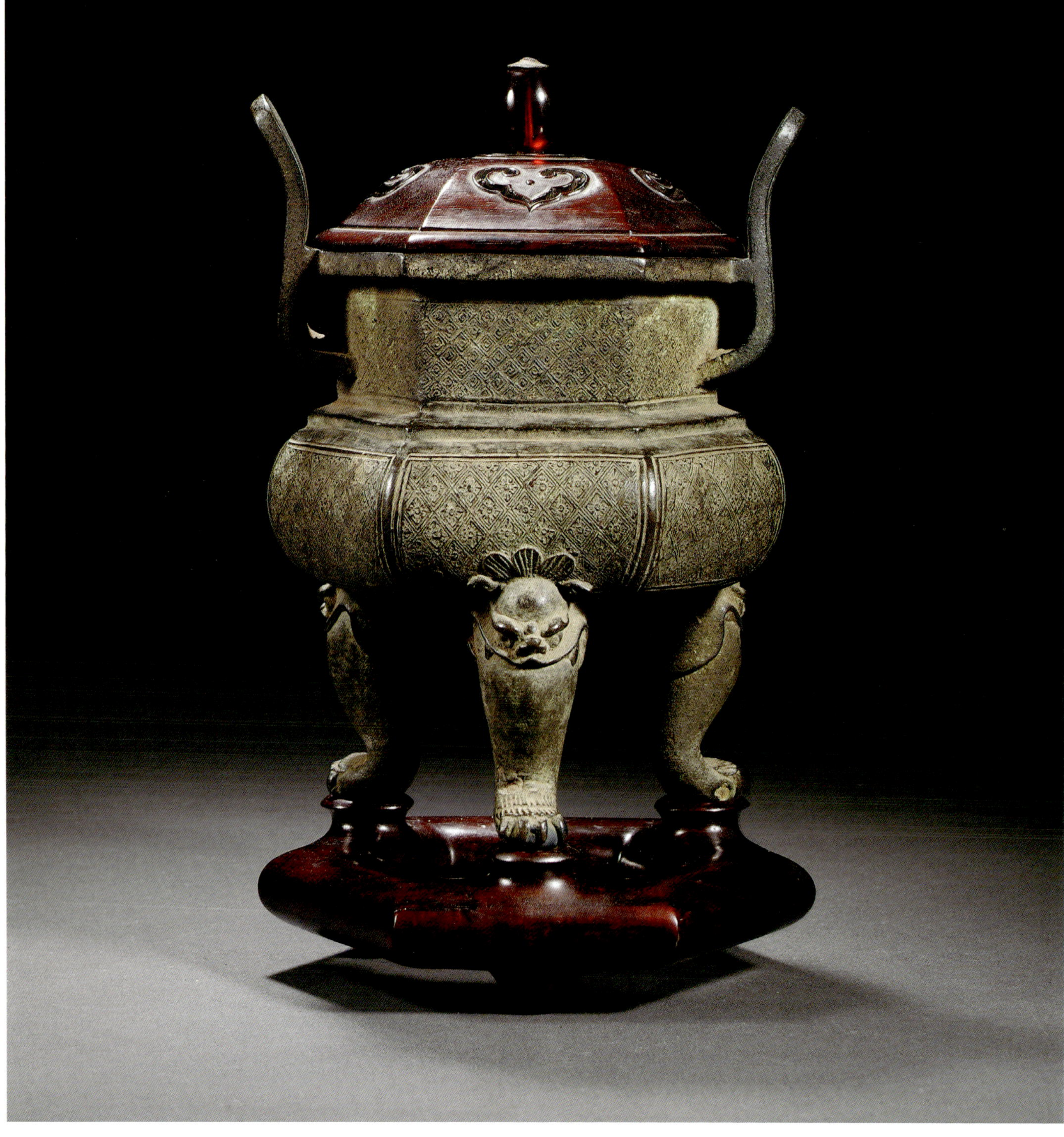

1839

清初·大明宣德年製款銅獸足天雞耳鼎式爐

款識：大明宣德年製

EARLY QING DYNASTY A TRIPOD BRONZE CENSER WITH 'XUAN DE' MARK

高：24.3cm　通高：28.8cm　口徑：15.8cm　重：2572g

RMB: 50,000－80,000

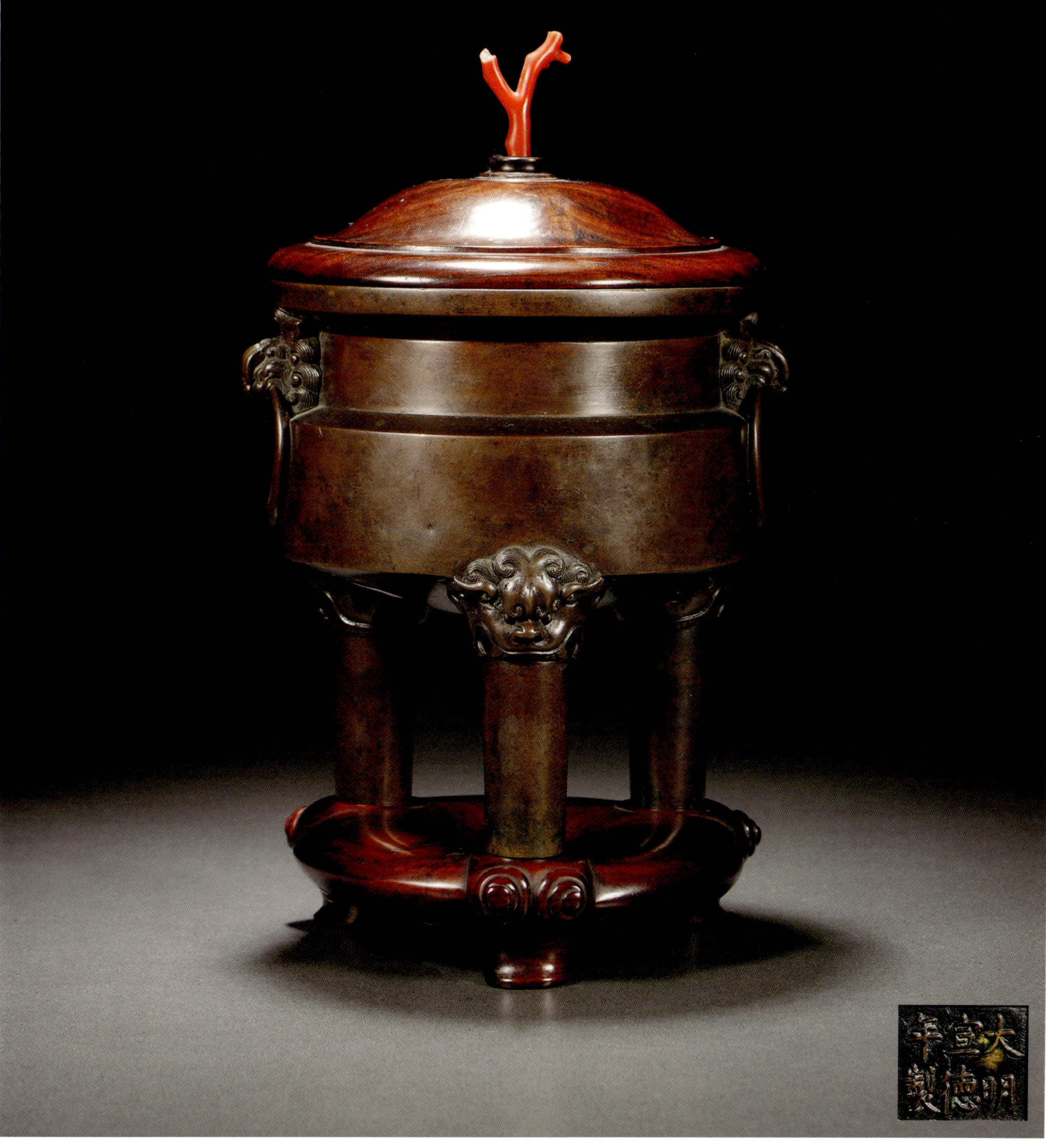

1840

清康熙·張玉書款銅鎏金獸足折沿暖盆

款識：康熙乙亥歲嘉平月呈潤甫在京置

說明：暖盆銅質精良，仿古紋飾雅致，形制古樸端正，爲清早期常見樣式。直壁折沿，口沿飾以渦紋爲地，其上置乳丁一周，腹部裝飾連續雲雷紋，下承三獸足，獸面猙獰獠牙，頭頂長角，橫眉瞪眼，鼻孔外闊，利爪抓地，一副蓄勢待發之態。底部中心開光淺刻款：康熙乙亥歲嘉平月呈潤甫在京置。從而可知此盆鑄造的具體年份及出處，應爲康熙年間戶部尚書張玉書定製之爐，或友人贈予之爐，論之身世，甚爲顯赫。

KANGXI PERIOD, QING DYNASTY A TRIPOD GILT-BRONZE BASIN WITH 'ZHANG YUSHU' MARK

高：13cm 直徑：32cm 重：6020g

RMB: 95,000－120,000

款者簡介：張玉書，字素存，號潤甫，江南丹徒人，順治十八年進士。其人一生功名顯赫，曆任刑部尚書、戶部尚書、文華殿大學士，又治河道、通漕運、明軍紀、編《康熙字典》、裁《平定朔漠方略》。三十五年，玉書隨聖祖禦駕親征准噶爾，乙亥年是爲康熙三十四年，爲張玉書時值壯年，官場得意之歲。康熙五十年，其卒于熱河，上追贈太子太保，謚文貞，五十二年，念其舊勞，擢其子編修逸少爲侍讀學士，雍正年，入祀賢良祠。

1841

明・族徽款铜製仿古獸面紋扁足方鼎

說明：扁足方鼎，最早出現于商周晚期，以安陽婦好墓出土的方鼎最為著名。此件扁足方鼎依照商代晚期青銅器造型，作上下雙層饕餮紋飾，規整大氣，為明清仿古銅精品。器底鑄刻鳥形族徽。

MING DYNASTY AN ARCHAISTIC BRONZE VESSEL WITH BEAST PATTERN AND CLAN INSIGNIA, *DING*

高：32cm 長：24cm 寬：17.5cm

RMB: 55,000－80,000

1842

清・峙亭款銅馬槽爐

款識：峙亭

QING DYNASTY A BRONZE 'MANGER' CENSER WITH 'ZHI TING' MARK

高：4.5cm 長：5.6cm 寬：5cm 重：304g

RMB: 10,000—20,000

1843

清・宣德款銅鬲式連座三足爐

款識：宣德

QING DYNASTY A 'LI'-STYLE TRIPOD BRONZE CENSER WITH 'XUAN DE' MARK

帶座高：8cm　高：5.5cm　直徑：7.5cm　重：1043g

RMB: 32,000—50,000

1844

清・大明宣德年製款銅朝冠耳三足爐

款識：大明宣德年製

說明：朝冠耳式樣亦稱判官耳，形制見於《宣德彝器圖譜》，有“加官進爵”之吉兆，頗有意味。
此爐器型圓潤，皮殼溫和細糯，蠟茶古色。平口略向外傾，雙耳上揚，線條舒展優美，剛柔並濟。腹部渾圓豐腴，向下收為圜底，三足粗壯中空，與爐身搭配和諧。底刻“大明宣德年製”六字楷書款，氣息古樸。

QING DYNASTY　A TRIPOD BRONZE CENSER WITH ‘XUAN DE’ MARK

高：9cm　口徑：12.3cm　重：839g

RMB: 55,000－65,000

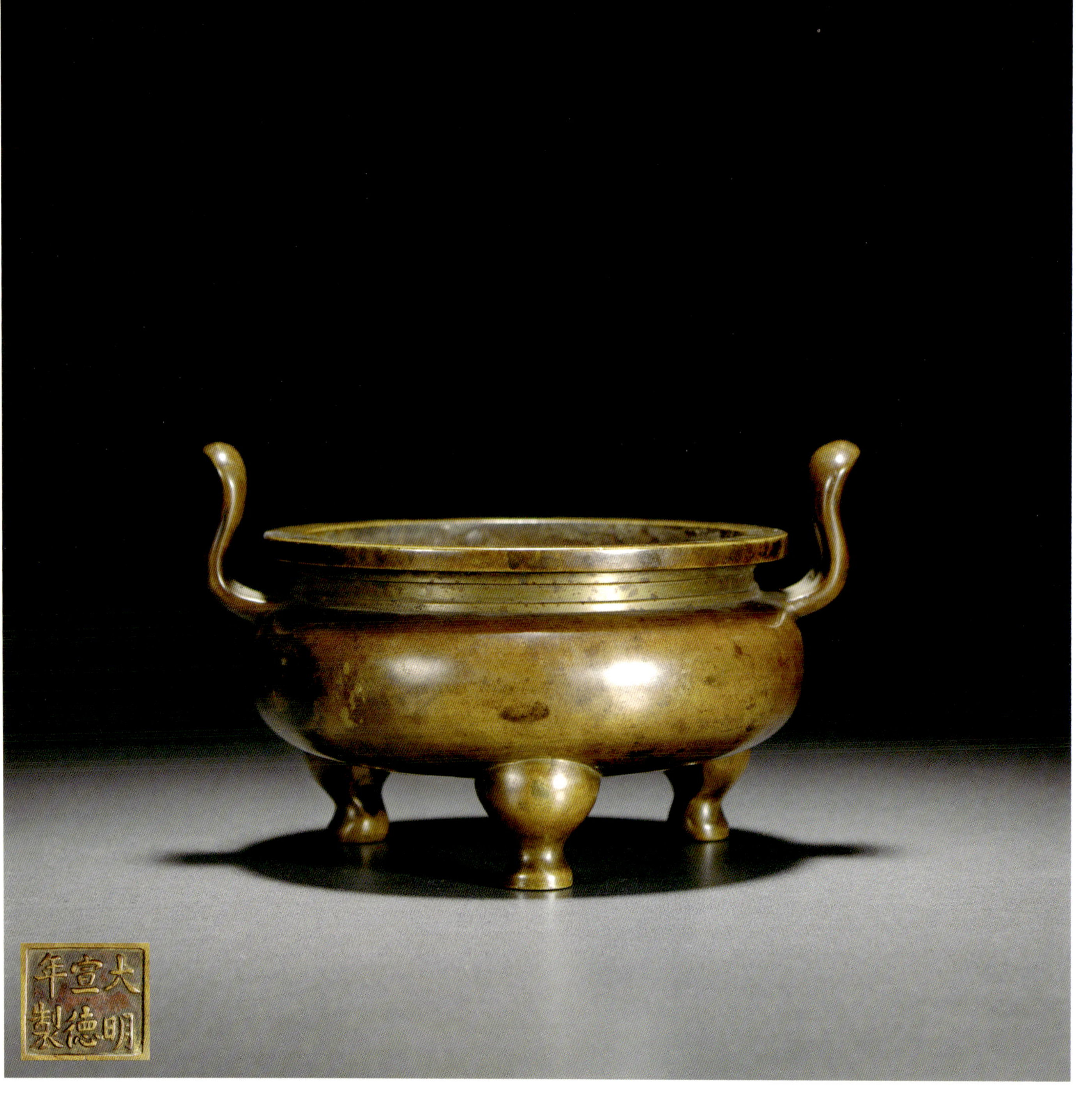

1845

明・銅填金佛八寶簋式爐

說明：此件與胡文明製器異曲同工，頗有相類。仿青銅簋造型，其上鏨刻佛教八寶，并填金裝飾。佛教八寶亦稱“吉祥八寶”或“八吉祥”或“八瑞相”等，法輪、法螺、寶傘、白蓋、蓮花、寶瓶、雙魚、盤長。底部圈足，內有鏨刻魚籽地填金寶相花，滄古雅緻。

MING DYNASTY A 'GUI'-STYLE GOLD AND GEM-INLAID BRONZE CENSER

高：7.1cm　口徑：10.6cm　重：395g

RMB: 45,000－60,000

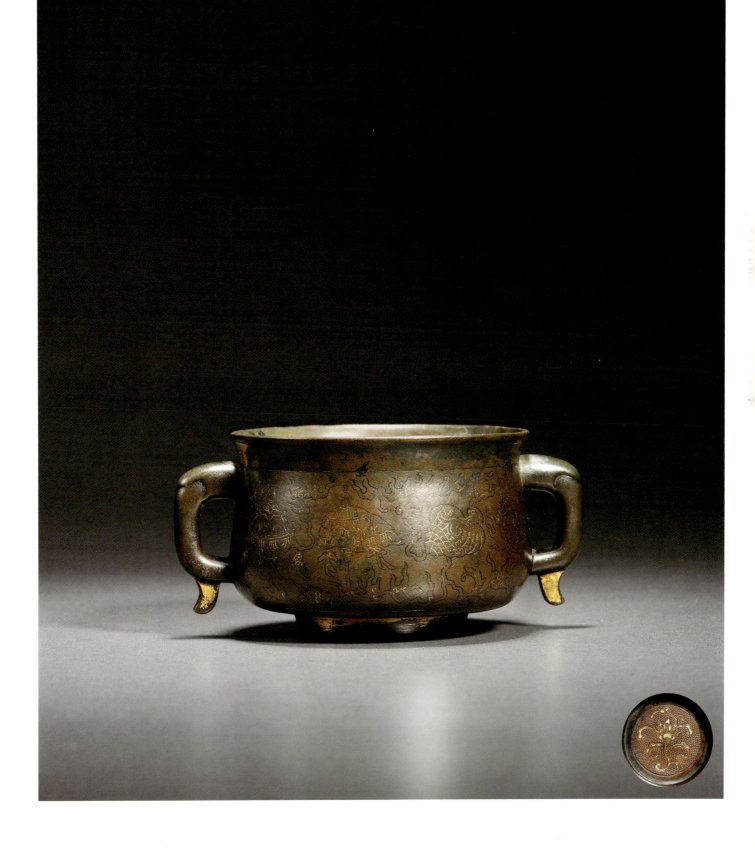

1846

清・大明宣德年製款銅獅耳灑金爐

款識：大明宣德年製

說明：爐敞口，束頸，扁圓腹，肩出獅首耳，造型古樸大方。器型規整，威嚴莊重。爐面通體灑金，線條流暢，焚香於內，餘香繞梁，平添雅緻之氣。

QING DYNASTY A GOLD-SPLASHED BRONZE CENSER WITH 'XUAN DE' MARK

高：5cm 口徑：9.2cm 重：364g

RMB: 20,000－30,000

1847

清・大明宣德年製款銅雙獅耳爐

款識：大明宣德年製

說明：原配紅木蓋、座及玉爐鈕。

QING DYNASTY　A BRONZE CENSER WITH LION HANDLES AND 'XUAN DE' MARK

高：6.5cm　重：1106g

RMB: 40,000－60,000

1848

清・宣德年製款銅簋式爐

款識：宣德年製

QING DYNASTY A 'GUI'-STYLE BRONZE CENSER WITH 'XUAN DE' MARK

帶座高：11.2cm 高：8.5cm 口徑：13.7cm 重：2383

RMB: 50,000－80,000

1849

清・凝靜清玩款銅蚰耳簋式爐

款識：凝靜清玩

QING DYNASTY A 'GUI'-STYLE BRONZE CENSER WITH 'NING JING QING WAN' MARK

高：5.9cm　直徑：11.6cm　重：1045g

RMB: 80,000－120,000

1850

清·銅製蕉葉紋小方瓶

QING DYNASTY A SMALL SQUARE BRONZE BOTTLE WITH PLANTAIN LEAF PATTERN

高：10.7cm

RMB: 20,000—30,000

1851

清乾隆·大明宣德年製款銅灑金獸面紋貫耳瓶

款識：大明宣德年製

說明：此尊撇口，束頸，兩邊飾貫耳，鼓腹，高足外撇，器底落款。通體以銅灑金工藝裝飾，頸部及足部飾以獸面紋和魚紋。整體造型模仿青銅器製作，反映當時“好古”之風尚。此尊無論是銅質，形制，還是工藝均屬上乘之作。

QIANLONG PERIOD, QING DYNASTY　A GOLD-SPLASHED BRONZE VASE WITH BEAST PATTERN AND 'XUAN DE" MARK

高：12.7cm

RMB: 30,000－50,000

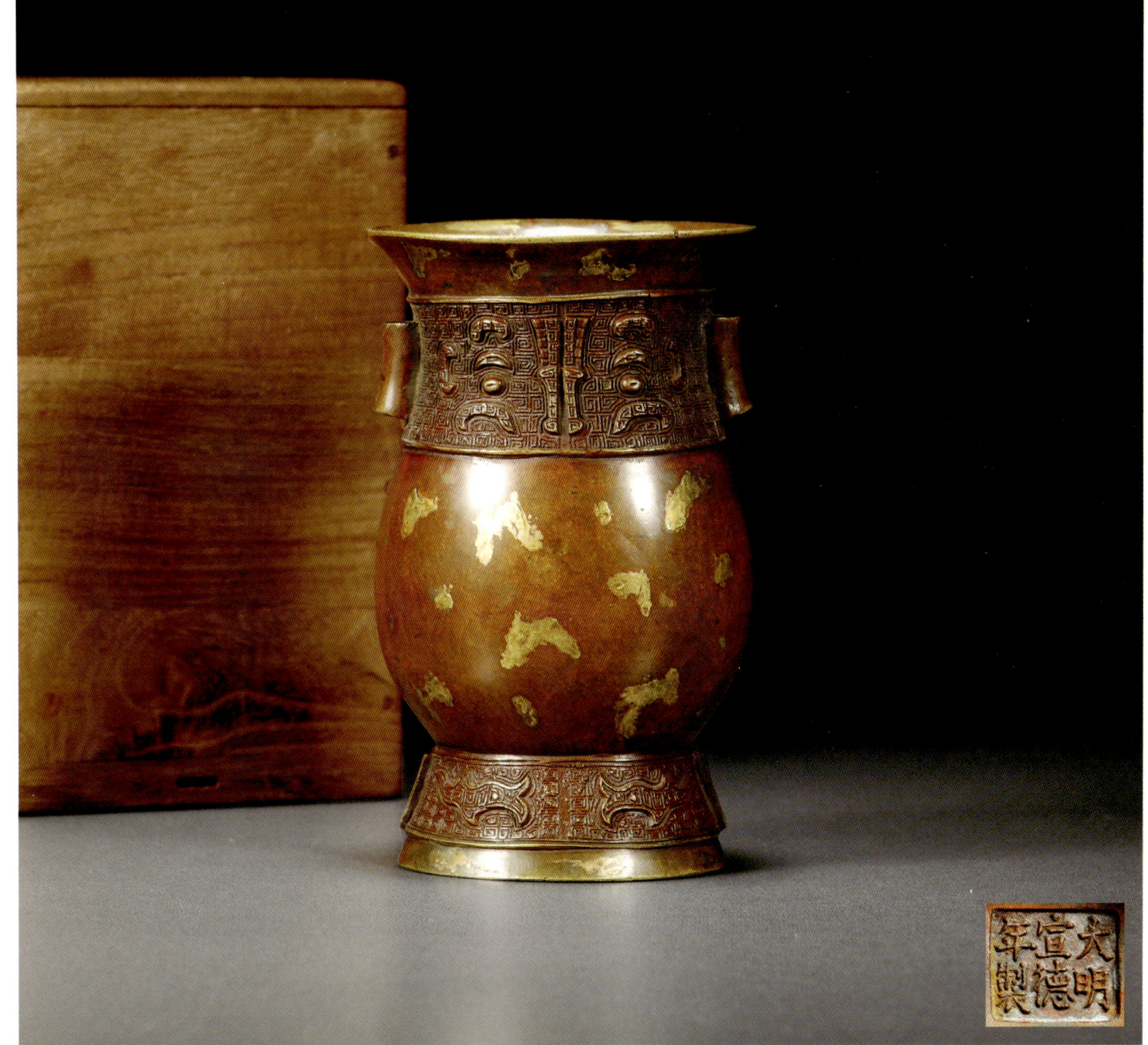

1852

清・銅牧童騎牛擺件

QING DYNASTY A BRONZE FIGURE OF BOY ON BUFFALO

高：15.2cm 長：14cm

RMB: 18,000—23,000

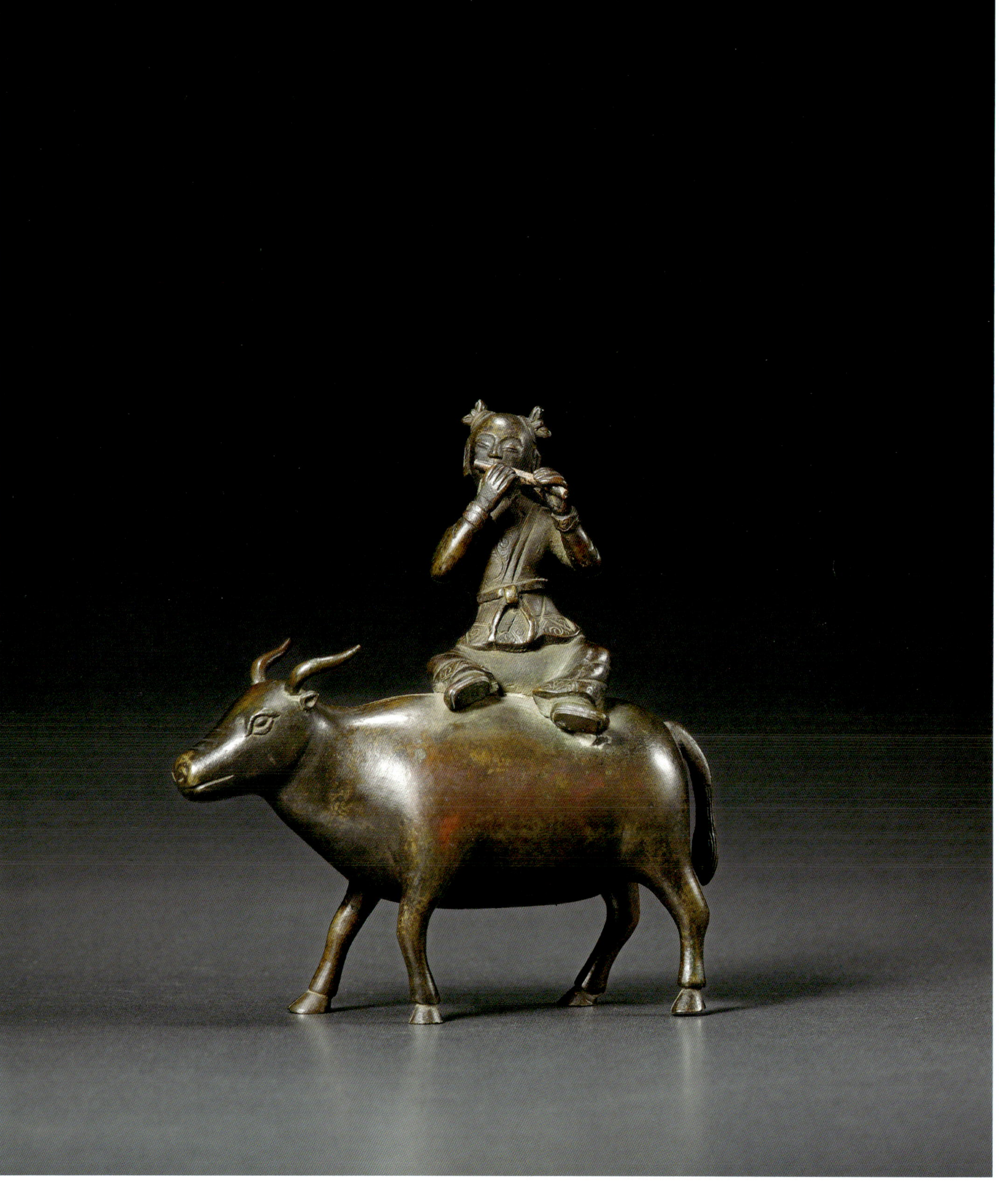

1853

清早期・銅製仿古獸面紋罍

說明：罍為青銅酒器，自宋代興起金石熱後，陸續有仿古之作，用於案頭陳設。此件以商末周初罍為本，精銅鑄造，上以獸面紋、蕉葉紋裝飾腹身，輔以雲雷地紋。兩龍首耳精緻可愛，造型具明末清初之味。通體作綠銹，體量適中，適宜書齋賞玩。

EARLY QING DYNASTY A BRONZE JAR WITH BEAST PATTERN, *LEI*

高：16.8cm

RMB: 12,000－20,000

1854

清 · 大明宣德年製款懸珠法盞爐

款識：大明宣德年製

說明：此懸珠形制在宣德鼎彝譜中有記載（賜内府道場及天下名山宮觀懸珠法盞爐，仿元朝樞府磁欵式高三寸四分耳長二寸八分口直徑二寸六分足高七分重六兩八錢、八煉洋銅鑄成蠟、茶卒色共二百座）現存實物十分珍罕。口沿薄而銅質精純，失蠟法鑄造工藝精美絕倫，款為大明宣德年製。德字，心上有橫，臺灣銅器專家張光遠先生自 1985 年臺灣故宮博物院出版《故宮文物月刊》第三十二期，“大明宣德爐”一文中說明：宣德期間爐的落款，宣德中的“德”字，心上有一橫為真品，後來模仿的都去掉一橫，怕觸犯皇威，避諱年號之原由。

此爐典雅大氣，鑄造工藝高超，印鑄款端正而宣德年鑄造特徵明顯，實為難得之藏品。

QING DYNASTY A BRONZE RITUAL CENSER WITH 'XUAN DE' MARK

高：8.9cm　口徑：11cm　耳徑：13cm　重：490g

RMB: 150,000—180,000

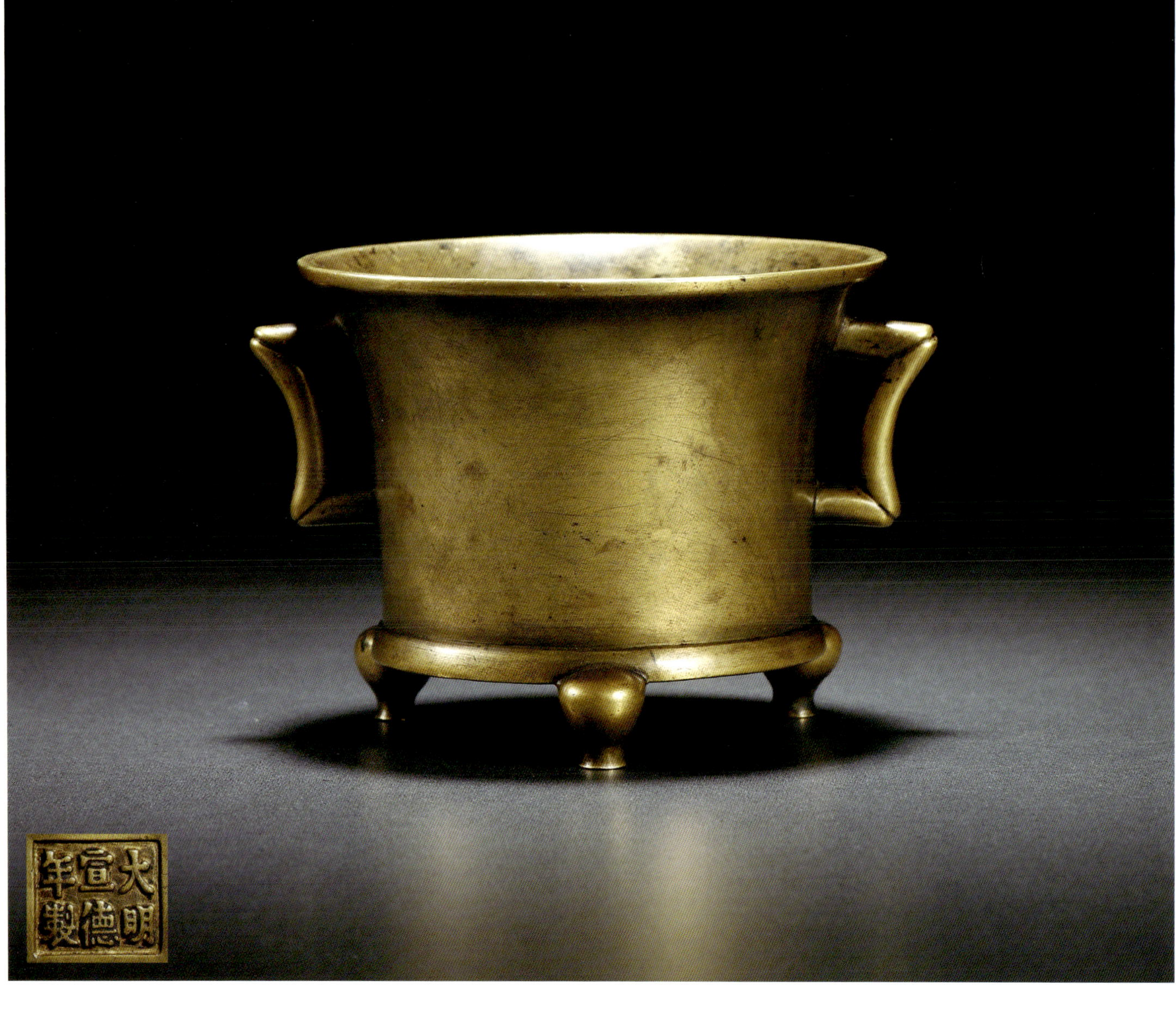

1855

明·銅製瑞獸花插

說明：花插銅鑄瑞獸之形，色古而凝重。頭呈龍形，雙目圓睜，頭上生角，耳尖上翹。身型健碩，筋骨強健，肌肉飽滿，四肢關節處有渦紋裝飾，尾前卷，四爪如鈎踞地有力。獸體中空，背上有一出戟尊，四戟之間均有螭龍紋作以雕刻。瑞獸造型自古既被譽為吉祥之化身，取自傳說中一種神獸，其奇姿異彩，神態威武，用於文房器具之中則寓有"避邪迎祥"之意。

MING DYNASTY A BRONZE 'BEAST' FLOWER HOLDER

高：10.7cm

RMB: 120,000 — 150,000

1856

明 · 張鳴岐款銅手爐

銘文：不知寒積雪，但覺袖生春。張鳴岐制（白）。

作者簡介：張鳴岐，嘉興人，明代製爐名家。他以上好紅銅製爐，人稱“張爐”。據《鑒物廣識》、《新溪雜詠小集》《梵天爐叢錄文物》記載介紹，張鳴岐製作的手爐厚薄均勻，整爐不用鑲嵌或焊接，爐蓋雕鏤精良，腳踏不癟，時人寶之。

MING DYNASTY A BRONZE CENSER WITH 'ZHANG MINGQI' MARK

高：9.5cm 長：12cm 寬：11.5cm 重：737g

RMB: 30,000—50,000

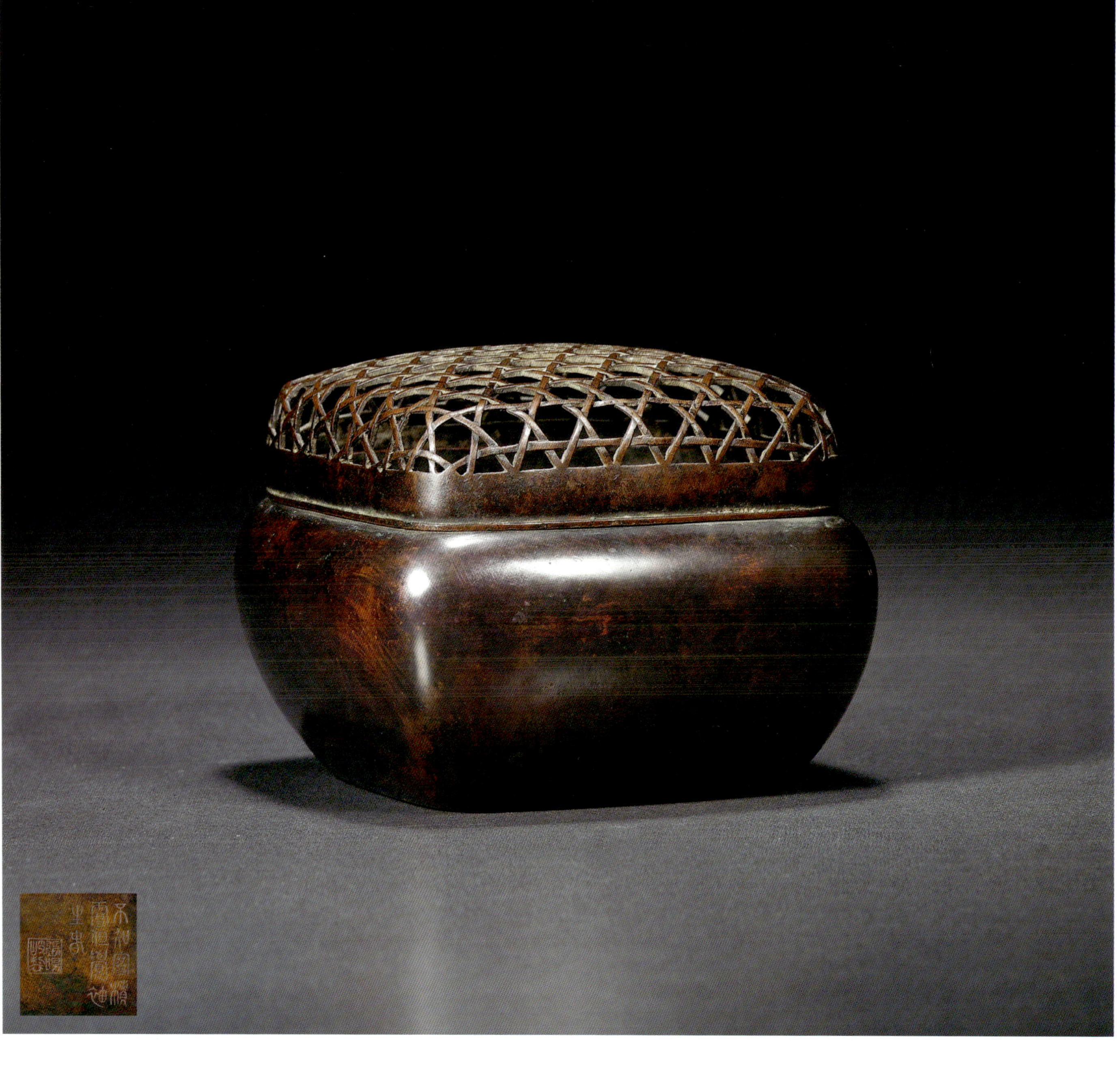

1857

清 · 乾隆年製款銅雙龍戲珠紋手爐

款識：乾隆年製

QING DYNASTY A BRONZE CENSER WITH DRAGON PATTERN AND 'QIANLONG' MARK

高：9cm　長：13.5cm　寬：11.7cm

RMB: 28,000—40,000

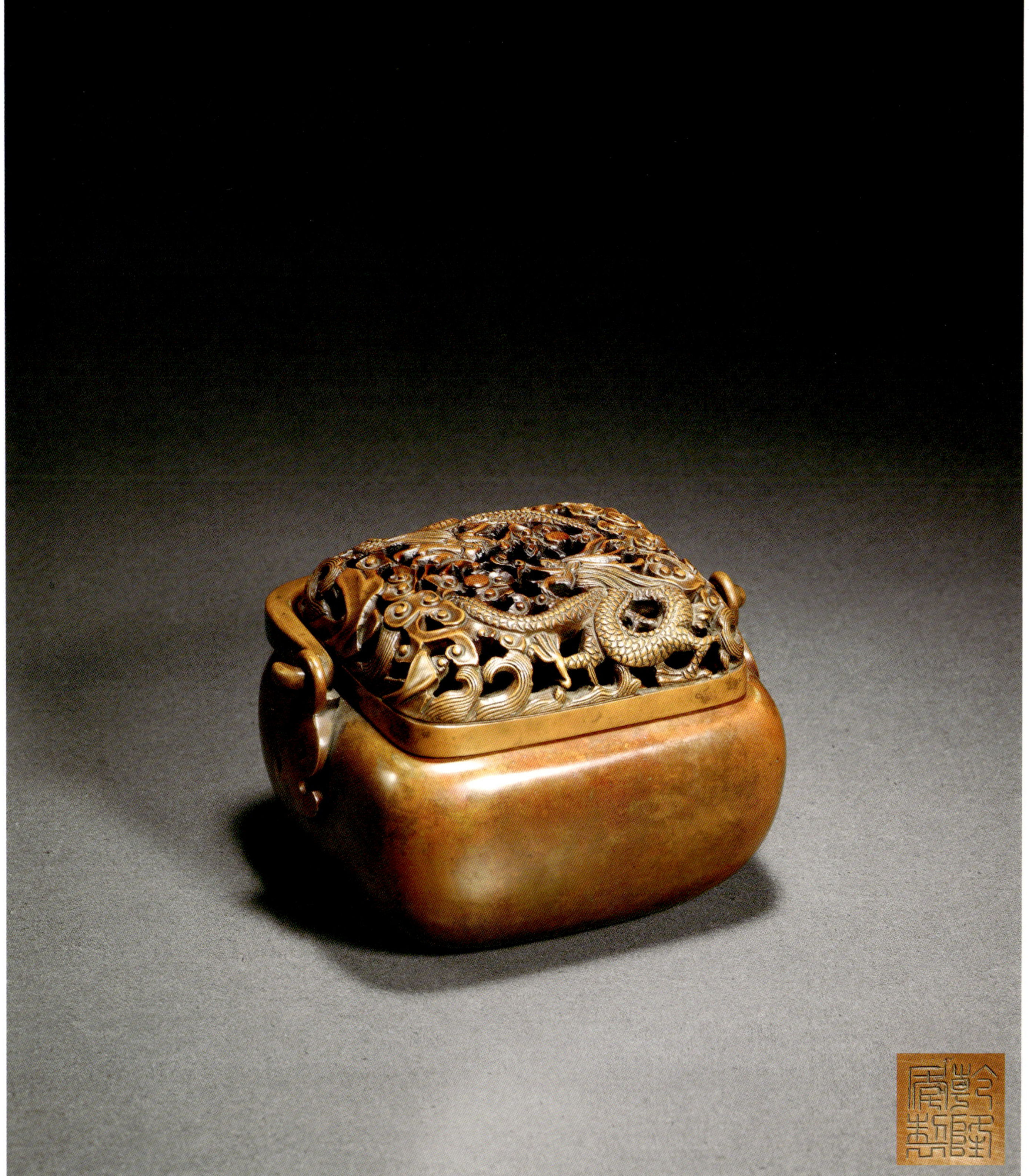

1858

清・王冶刻錫製刻書畫茶壺

蓋上銘文：聊贈一枝春。伯羽父作中寶簋其萬年無疆子子孫永寶用享。王冶（白）。

壺上銘文：茶釀醉人焉，亂性風生。雙腋上高枝，佳境恰如初吻，後清香妙在二開時。王冶。

蓋內及底部銘文：潮陽。店住汕頭。顏興順。真料點錫。正老店。

說明：壺身及壺蓋刻有嬰戲紋、花卉紋及豐富的文字，生活意趣十足，壺嘴藏于壺蓋內，可以靈活轉動，並配有內膽，是一件獨特、新穎而不失玩趣的生活用具。

QING DYNASTY A TIN TEAPOT WITH FIGURE AND FLORAL PATTERN, ENGRAVED BY WANG YE

帶鋬高：12cm

RMB: 10,000－20,000

款者簡介：此器物為當時顏義和老店的作品。

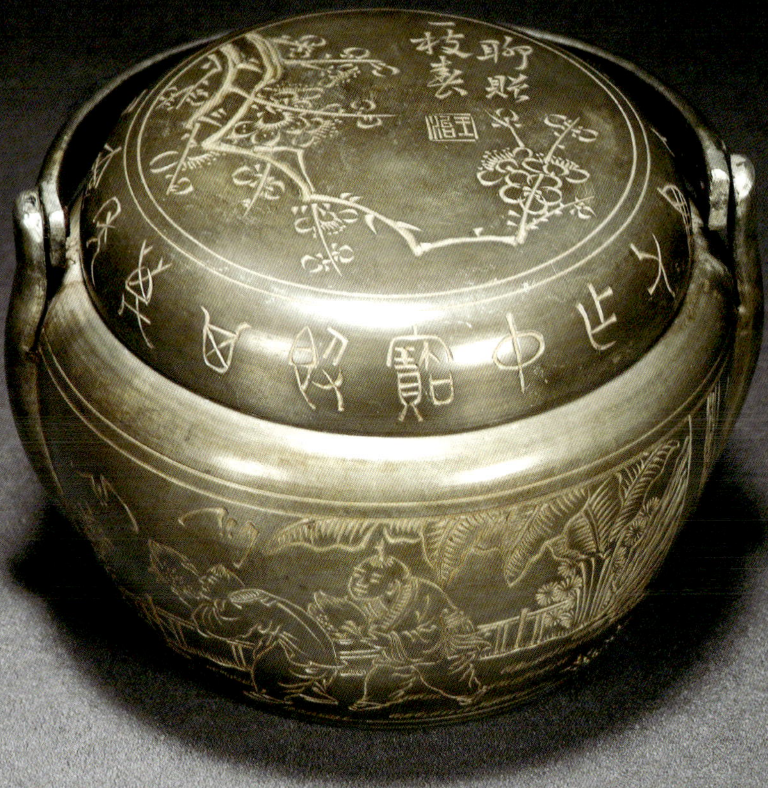

1859

清·大明宣德年製款銅手爐

款識：大明宣德年製

QING DYNASTY A BRONZE CENSER WITH 'XUAN DE' MARK

高：7cm 長：12cm 寬：9.6cm

RMB: 10,000－20,000

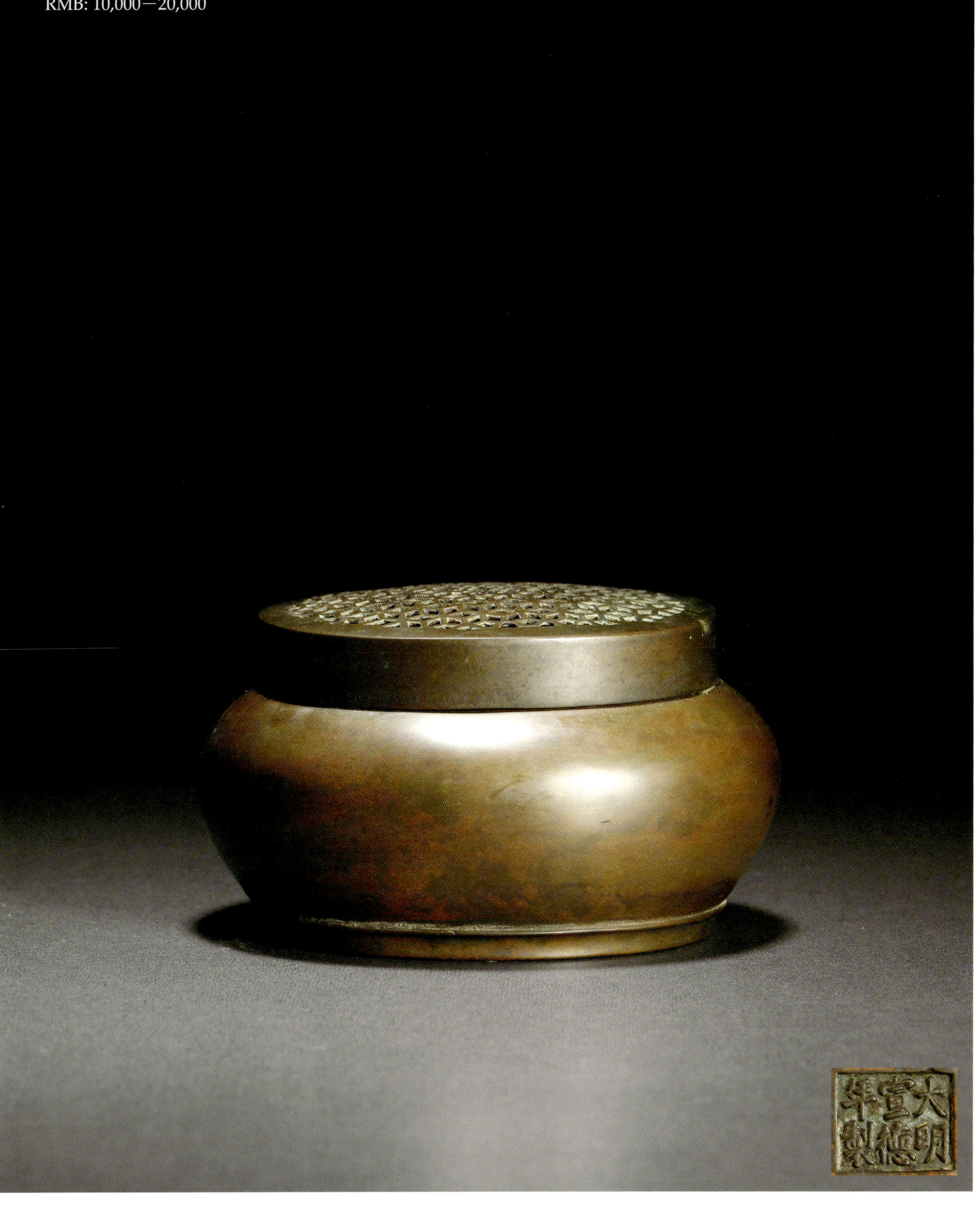

1860

清・黃楊木雕濟公像

說明：原配木座。

QING DYNASTY A BOXWOOD FIGURE OF 'JI GONG' AND A WOOD STAND

帶座高：18.8cm

RMB: 30,000－50,000

1861

民國・朱子常製黃楊木雕李白像

款識：子常

說明：黃楊木製成，頭戴官帽，神態微醺。身上衣褶層層迭迭，飄動流暢。右手高舉酒杯，左手撫提衣擺，右腳前出，與右足呈八字而立。上身微微扭轉，動態協調自然。配有木雕底座。整座雕像用料頗大，雕工精湛，一氣呵成。包漿色澤厚重，典雅美觀。原配木座。

REPUBLIC OF CHINA A BOXWOOD FIGURE OF LI BAI AND A WOOD STAND, MADE BY ZHU ZICHANG

通高：15cm

RMB: 50,000—80,000

作者簡介：朱子常，浙江永嘉人，本名正倫，清末傑出的黃楊木雕刻藝術家，因其技藝高超時人稱其為“倫仙”。幼年家境貧寒，九歲便從師學徒。始學塑佛，繼修雕刻和漆畫，常以黃楊木雕刻人物，其作品極受歡迎。

1862

清・竹雕瘦骨羅漢擺件

QING DYNASTY A BAMBOO FIGURE OF ARHAT

高：7.5cm

RMB: 10,000—20,000

1863

清・壽山石雕羅漢擺件

说明：原配紫檀座。

QING DYNASTY A SHOUSHAN STONE FIGURE OF ARHAT AND A MAHOGANY STAND

帶座高：6.9cm 高：6.2cm

RMB: 10,000－20,000

1864
清·黃楊木雕鐵拐李立像
QING DYNASTY A BOXWOOD FIGURE OF IMMORTAL
高：33cm
RMB: 25,000—35,000

1865

清・黃楊木鏤雕靈芝形如意

QING DYNASTY A BOXWOOD ‘GANODERMA’ ‘RU YI’ SCEPTER

長：37.5cm

RMB: 28,000—35,000

1866

清・紫檀雕瓜棱形圍棋罐一對

說明：原配圍棋子。

QING DYNASTY A PAIR OF RIDGED ZITAN WEIQI CASES AND ORIGINAL WEIQI PIECES

高：9.8cm 數量：2

RMB: 28,000—35,000

1867

清・紫檀筆架山

說明：配黃楊木底座。

QING DYNASTY A ZITAN BRUSH HOLDER AND A BOXWOOD STAND

帶座高：7.5cm 高：6.3cm

RMB: 10,000—20,000